冯梦龙在寿宁

卢彩娱◎著

福建新华发行（集团）有限责任公司寿宁分公司
苏 州 市 冯 梦 龙 研 究 会
联合出品

海峡出版发行集团 THE STRAITS PUBLISHING & DISTRIBUTING GROUP | 福建人民出版社 FUJIAN PEOPLE'S PUBLISHING HOUSE

图书在版编目（CIP）数据

冯梦龙在寿宁/卢彩娱著.--福州：福建人民出版社，2019.11

ISBN 978-7-211-08210-0

Ⅰ.①冯… Ⅱ.①卢… Ⅲ.①冯梦龙（1574—1646）—生平事迹 Ⅳ.①K825.6

中国版本图书馆CIP数据核字（2019）第243234号

冯梦龙在寿宁

FENGMENGLONG ZAI SHOUNING

作　　者：卢彩娱

责任编辑：林　顶

出版发行：福建人民出版社　　**电　　话：**0591-87604366(发行部)

地　　址：福州市东水路76号　　**邮　　编：**350001

网　　址：http://www.fjpph.com　　**电子邮箱：**fjpph7211@126.com

经　　销：福建新华发行（集团）有限责任公司

印　　刷：福建建本文化产业股份有限公司

地　　址：福州市晋安区东门康山路16号10号楼

开　　本：890毫米×1240毫米　1/32

印　　张：5.375

字　　数：82千字

版　　次：2019年11月第1版　　2019年11月第1次印刷

书　　号：ISBN 978-7-211-08210-0

定　　价：28.00元

序一

◎汤孔忠

知道冯梦龙，源于其被誉为“中国古典短篇白话小说巅峰之作”的“三言”；了解冯梦龙，缘于命运所安排予我与他之间的交集。从文化巨匠到清正廉吏，冯梦龙散发出无穷光芒，其品德情操感染了无数人，更是得到了习近平总书记的多次点赞。

“达则兼济天下”，是中国古代知识分子的政治理想，才高八斗的冯梦龙亦是如此。1634年（明崇祯七年），年过花甲的冯梦龙怀抱“三言”理想，从繁华富庶的苏州辗转南下，来到岭峻溪深、山高水寒的偏远小县城——福建寿宁，开始其短暂的四年也是唯一的一次仕宦生涯。四载光阴，他以“大事小事，俱用全力；有事无事，俱抱苦心”和“以勤补拙，以慈辅严，以廉代匮，做一分亦是一分功业，宽一分亦是一分恩惠”的态度，四处奔走，兴利除弊，留下了一番清正廉明的从政佳话。

冯梦龙是一位有功于寿宁的贤明官员。在寿宁知县任上，他减轻徭役、改革吏治、明断讼案、革除陋习、整顿学风、兴利除害，为寿宁办了许多好事、实事，打造了一个安居乐业的寿宁。他“政简刑清、首尚文学、遇民以恩、待士有礼”的施政方略、与民休养生息的为民情怀、勤政清廉的务实本色，不仅造福了一方百姓，也为我们树起了勤政廉洁、为民务实的精神标杆。

冯梦龙是闽东历史上最著名、对寿宁影响最深远的文人知县，也是中国文学史上最杰出的通俗文学家之一。他在寿宁任上撰写的《寿宁待志》一书，记载了他在寿宁的施政活动和对治理县域的思考以及当时寿宁的历史、地理、政治、经济、风土人情，是让世界了解寿宁、引领寿宁走向世界的一笔宝贵文化遗产。寿宁人民从未中断过对冯梦龙的缅怀、纪念和对冯梦龙文化的挖掘、研究，通过故事、歌谣、戏曲、影视等方式，精彩演绎着冯梦龙在寿宁的为官事迹，诠释其在廉政文化、司法文化、县治文化、教育文化等方面的成就，成为寿宁人民津津乐道的一张文化名片。

冯梦龙文化是“闽东之光”的重要组成部分。将冯梦龙一生丰厚精深的文化创造进行深入挖掘和弘扬，从冯梦龙文化精髓中汲取营养和智慧，赋予其时代内涵，推动当下县域现代化治理和廉政文化建设，我们要做的事很多。《冯梦龙在寿宁》一书，是冯梦龙文化研究的又一重要成果。该书从历史和现实的维度，详细介绍了冯梦龙在寿宁的从政经历，立体刻画了冯梦龙刚正不阿、亲民爱民、清正廉洁的人物形象。抚往追昔，仿佛是一次与这位名人跨越时空的对话。其人如兰，高风亮节，令人心折；其言似雷，千古之下，犹有回响。

是为序。

福建省寿宁县县委书记：汤孔忠

2019年10月于寿宁

序二

◎李彩男

在中华上下五千年的历史长河中，文学家不可计数，清官廉吏也不在少数，但集文豪和清官廉吏于一身的“花甲县令”，却只有冯梦龙！冯梦龙是江苏苏州人，苏州独特的自然条件和人文环境，为冯梦龙的成长创造了条件，为他施展自己的才华提供了广阔天地。冯梦龙自幼饱读诗书，在少年时就显现出卓尔不凡的禀赋，“八岁曾举神童，十一岁游庠”。虽然，在后来的成长中，冯梦龙数十年久困科场，命运多蹇，但他坚守自己的抱负，不随波逐流。刻苦研究，笔耕不辍，创作、搜集、整理、编辑、出版了近三千万字的小说、戏曲、民歌、诗词等文学作品和《麟经指月》《四书指月》等儒家经典科举参考书，被后人称为杰出的俗文学泰斗、古代白话小说的先驱。他积极参与游学、讲学活动，培养了许多的优秀学生。他的书法也自成风格，十分隽永。南京博物院至今收藏有冯梦龙扇面画《秋横一雁图》，论者谓其："着墨不多，颇有秀逸之效。"古往今来，世人对冯梦龙褒赞有加，《苏州府志》称其"才情跌宕，诗文丽藻，尤明经学"，友人文从简赠诗有句云："早岁才华所惊，名场若个不称兄。"

◎ 冯梦龙《秋横一雁图》扇面

相城是冯梦龙历史文化的孕育地和发祥地，至今流传着许许多多冯梦龙读书、学习等故事和歌谣。近年来，苏州相城通过人文生态的有机融合，搭建系列平台载体，让冯梦龙文化活起来、动起来。苏州市冯梦龙研究会同地方政府，收集了国内知名画家、书法家创作的多件各类作品，召开“请冯梦龙回家”专家座谈会、“冯梦龙与民间价值建构学术研讨会”、“冯梦龙作品人物书画展”等活动，结集出版了“冯梦龙杯”新三言全国短篇小说大赛作品，创办了全国唯一的《冯梦龙研究》期刊，开展了冯梦龙与吴地文化、冯梦龙与大运河文化等专题研究。冯梦龙村也被确定为“中国社会科学院文学研究所民俗文化研究中心冯梦龙研究基地”“江苏省民间文艺家协会冯梦龙故里采风基地”“复旦大学艺术人类学与民间文学研究中心教学实践与冯梦龙研究基地”。相城区在冯梦龙村还打造了冯梦龙廉政文化教育基地，规划建设二十余个文旅项目，目前，冯梦龙纪念馆、冯梦龙故居、冯梦龙书院、冯梦龙廉政教育培训中心、卖油郎油坊、四知堂、德本堂、新言堂、冯梦龙农耕文化园等项目对外开放，举办了冯梦龙文化节、2019苏州市农民丰收节等系列节事活动弘扬冯梦龙文化，提升冯梦龙村知名度。黄埭镇编撰了《冯梦龙传说故事集》《冯梦龙经典名言注释》《冯梦龙廉洁漫画》等，搜集来自国内外藏书家的冯梦龙作品100余册，包括《冯梦龙全集》以及各种版本的书籍、刊物及连环画等，还在镇区建成了“冯梦龙文化广场”，集中展示冯梦龙廉政文化，并创作弹词开篇《冯梦龙》，不断扩大“冯梦龙故里”文化品牌的影响力和知名度。相城区检察院不断挖掘冯梦龙清正廉明的精神文化遗产，专门设立了“梦龙清风工作室”，精心塑造了“梦龙清风”的廉洁文化品牌，充分传承廉吏楷模冯梦龙“勤、公、实、廉”的廉洁文化精髓，不断激励广大检察人员不忘初心、牢记使命，将“忠诚、干净、担当”的意识浸入灵魂深处，切实担负起新时代赋予的新使命。

寿宁是冯梦龙施展政治抱负、勤政为民的实践地，是冯梦龙的第二故乡。在寿宁四年任上，冯梦龙秉持“一念为民，与梅同清”的执政理念，造福一方百姓，树立起了勤政廉洁、为民务实的精神标杆。习近平总书记曾多次援引他的为官事迹和名言警句。一个封建社会的官吏，为了实现“为官一任，造福一方”的理想，对寿宁作了全方位的深入调查，采取因地制宜的施政方针，做到“政简刑清”“遇民以恩”，是一位名副其实的好官、清官。他爱民、务实、清廉的为官事迹，至今还被寿宁百姓深深怀念、尊崇。寿宁人民通过各种方式学习、弘扬冯梦龙精神，取得良好的社会效应。

卢彩娱老师所著《冯梦龙在寿宁》从减轻徭役、改革吏治、明断讼案、革除陋习、整顿学风、兴利除害等六个方面，详细介绍了冯梦龙在寿宁任上的施政理念、方针和实践，观点中肯，材料扎实，为我们了解明代寿宁县情、冯梦龙在寿宁任上的政绩和贡献，提供了宝贵的文本资料。真诚祝愿相城和寿宁在弘扬冯梦龙文化、传承冯梦龙精神的道路上携手同进，结出更加丰硕的成果！

是为序！

苏州市冯梦龙研究会会长：

2019年10月18日

目录

◎冯梦龙《山水》立轴（天启四年作）

前言

冯梦龙生于明神宗万历二年（1574年）。这一时期正值中国封建社会后期，是一个“社会巨变”之际。经济上，以工商业人口增多、城镇市集的繁荣、白银成为普遍流通的货币、资本主义萌芽出现为特征的新经济因素日益增长。政治上，君庸臣腐，宦官专权，任人唯亲，政坛腐朽黑暗。官府暴敛与豪强横行，民变，兵起，边患危机，社会危机四伏。思想上，随着工商业发展，市民阶层不断壮大，他们的生产、生活方式、思想发展发生了较大变化。士人开始冲破传统重农思想，重商成为一种趋势。一些有识之士挑战权威，表现出了强烈的济世情怀，他们竞相著书立说，宣扬自己的思想主张，使得晚明思想界出现了异常活跃的局面。黄宗羲、王夫之、顾炎武等一大批思想家在批判君主专制的同时，对于如何抑制君权，也提出许多设想。与此同时，社会上，文风、学风出现崇尚自由、追求个性解放，崇尚务实、反对虚假的新风尚。以李贽和袁宏道等为代表的士人提出文学创作要表达真情实感，在他们的影响和倡导下，文人们不再拘泥于传统的“文以载道”“诗以言志”的诗文形式，散文、戏曲和小说等市民文学创作得到蓬勃发展，如汤显祖的作品《牡丹亭》就对主人公杜丽娘进行了热情的讴歌，赞颂了杜丽娘对爱情和幸福的执着追求精神。冯梦龙也号召世人要冲破名教对人性的束缚，宣扬其作品就是要“借男女之真情，发名教之伪药”，其叛逆精神鲜明，态度明朗。自然科学领域，明朝中后期，随着欧洲耶稣会士来华，西学开始传入中国，一些先进的士人、知识分子欢迎接受西学，并将西方科学著作介绍到中国，在吸收和运用的同时，不断进行创新，推动了中国自然科学的发展。西学的新奇知识强烈刺激了士大夫中有识之士的求知欲望，他们所倡导的科学精神及方法与明末清初经世致用的思潮相一致，崇尚科学之风纷纷而起，就连统治者都开始接纳西学，崇祯皇帝在位期间，就曾支持一些官员、士人学习西方科学知识以及将西方科技加以应用。西学的传入开拓了中国人的视野，一定程度上改变了中国人的思维方式，对明末思想界的活跃起到了促进作用。

◎ 冯梦龙纪念馆内的冯梦龙画像

“为天地立心，为生民立命，为往圣继绝学，为万世开太平”是中国古代读书人的抱负。出身苏州名门世家、文学成就显赫的冯梦龙，在出仕之前，就立下了“为国效力”“以真情定天下”的政治理想。他认为，只要国家、官吏对百姓施以真心真情，百姓自会以诚相报。以61岁高龄担任偏远的寿宁知县，这对于冯梦龙来说，是一份迟来的爱，是他追求仕途抱负的一次尝试，也是他实现心中贤臣梦想的实践。而对于生活在贫困之中的寿宁百姓来说，是幸运，也是千年难遇的一份奇缘。施展政治抱负，一直是冯梦龙的理想追求。在编纂“三言”时，他曾通过小说中一些清官的形象，寄托自己的政治理想。如《沈小霞相会出师表》中，他盛赞沈炼做得三任好县官：“吏肃唯遵法，官清不爱钱，豪强皆敛手，百姓尽安眠。”这正是冯梦龙对修明吏治的美好愿景。然而，这一天似乎来得晚了。此时，大明王朝已然病入膏肓，他要去的寿宁地处偏远，61岁高龄出任县官，可谓：天不时，地不利，人不和。苏州到寿宁，远隔千山万水，对于一位文人，一位成长在富庶水乡的冯梦龙来说是一场巨大的挑战。此去，山水茫茫，一切都是未知的。

据考证，当时，从苏州到寿宁，有两条路可走，第一条是陆路前行，从苏州经浙江到寿宁。这条路翻山越岭，且路途十分遥远。第二条走的是水陆结合的路途，经建宁府（建瓯）、政和到达寿宁。当时寿宁县归建宁府管辖，按明朝朝廷规定，县官要到府衙报到，经府署审核后，带上有府署印鉴的公文，方可走马上任。同时，第二条水陆结合的路程较短。所以，当时冯梦龙选择了第二条路线前往寿宁。

明崇祯七年（1634年）五月下旬的一天，京杭大运河上一叶乌篷船驮着冯梦龙，驮着冯梦龙当官为民的理想，起程升帆。风雨相随，星月相伴，诗人必是感慨万分。从杭州乘船，冯梦龙首先到达的是浙江的江山。到达江山后，冯梦龙及其随从要翻过著名的仙霞岭，它是中原对接闽中的必经官道。仙霞山脉奇峰连绵，危崖密布，山中有山，无路可寻。一千多年前黄巢起义军入闽，曾沿着仙霞岭开山伐道七百里，就是著名的仙霞古道。古道设有仙霞关、枫岭关等九处。仙霞关被誉为“东南锁钥”“八闽咽喉”，此关地处浙闽赣三省交通要冲，《东舆纪要》载：“仙霞天险，仅容一马。至关，岭益陡峻。拾级而升，驾阁凌虚。登临奇旷，蹊径回曲，步步皆险。函关剑阁，仿佛可拟，诚天设之雄关也。”为历代兵家必争之地。翻过仙霞岭到达福建浦城，冯梦龙一行乘船由水路到达建瓯。建瓯是当时建宁府府衙驻地、建州州衙驻地。冯梦龙报到后，建宁府便派官员随同冯梦龙，由水路到达政和，再由政和经陆路到达寿宁。

政和到寿宁的这段陆路依旧艰难，甚至更加艰险。路上迂回曲折的九岭和陡峻的尤溪岭，“三支蜡烛过岩洞”的石门隘，对于历经了两个多月旅途奔波的花甲老人来说，无疑是雪上加霜。石门隘是从建宁府治取道政和县入寿宁县的必经之路。其实，石门隘是一个岩洞，洞很长，路从洞中通过，洞内光线昏暗，洞外山道沿溪蜿蜒，内侧则悬崖峭壁。冯梦龙留下《石门隘》诗一首：

削壁遮天半，扪萝未得门。凿开山混沌，别有古乾坤。
锁岭居当要，临溪势觉尊。笋舆肩侧过，犹恐碍云根。

冯梦龙以“凿开山混沌，别有古乾坤”诗句描绘了这个政寿县界隘口的特点，同时，赞叹古代劳动人民创造的奇迹“削壁遮天半，扪萝未得门”，诗中也表达了作者想要尽快到达目的地的急切心情。

近三个月的风雨兼程，明崇祯七年（1634年）八月十一日，冯梦龙到达“地僻人难到”的寿宁。他在《寿宁待志》里这样写道：寿宁“踞一郡最高之处”“万山逶迤”，连县城也“囿万山之中，形如釜底，中隔大溪”“寿城如弹丸”“东南相距不半里，举足可周”。农村则“危峰幽壑，一望林莽，落落村烟，点缀其间，前后左右，叫呼不相应”，这与苏州老家江南水乡有很大的反差。尽管如此，到花甲之年才有这么个施展抱负之地，冯梦龙还是兴奋的。他十分珍惜这次难得的施展抱负的机会，提出了“以勤补缺，以慈辅严，以廉代匮”的施政理念，以“险其走集，可使无寇；宽其赋役，可使无饥；省其谳牍，可使无讼”的治理目标，打造了一个百姓安居乐业的寿宁。当时的记载是：“牢房时时尽空，不烦狱卒报平安也。”

四年多时间里，冯梦龙为寿宁人民办了许多好事实事，堪称一代廉吏。一到寿宁，冯梦龙就修理戴镗创建的“四知堂”，重立牌匾，建戴清亭，赋诗以明志。

戴清亭

县在翠微处，浮家似锦棚。三峰南入幕，万树北遮城。
地僻人难到，山多云易生。老梅标冷趣，我与尔同清。

“老梅标冷趣，我与尔同清”，冯梦龙借老梅的高尚品质，寄托自己的为官志向。在诗里，他表达了自己要像梅

◎ 1985年重建戴清亭，时任福建省委书记项南题字“冯梦龙宦寿旧址碑”（张培基供图）

花一样，不随波逐流，保持高洁的情怀，态度明朗坚定。

在明王朝风雨飘摇之际，冯梦龙这样一位才情跌宕、诗文丽藻、有政治抱负但不善权术的文人，要想在偏远落后的寿宁做出成绩，并借此获得升迁的机会是十分渺茫的。但他本着“一念为民之心”“不求名而求实”的态度，体察民情，予民休息，政绩斐然。为官四年，时间不长，却留下了清正廉洁、爱民如子的好官声，创造出属于自己的时代印记，其在寿宁任上的政绩及其“一念为民之心”的为官品格在同时代及后代均受到了认可和推崇。当冯梦龙七十寿辰时，诗坛大佬钱谦益寄来祝寿诗，诗云：

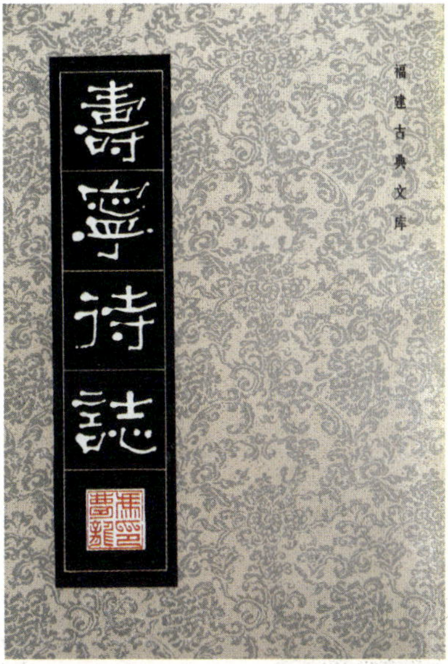

◎ 1983年点校出版冯梦龙《寿宁待志》（张培基供图）

冯二丈犹龙七十寿诗

晋人风度汉循良，七十年华齿力强。

七子旧游思应阮，五君新咏削山王。

诗中将冯梦龙称为“汉循良”，是对其为官品质的褒扬。明清鼎革之后，清康熙年间修订的《寿宁县志》将冯梦龙的事迹收录到卷之四《官守志》中，而乾隆年间修订的《福宁府志》将其收录到《循吏》中，都给了冯梦龙相同的一句评语：“政简刑清，首尚文学，遇民以恩，待士有礼。”四年任满，当冯梦龙离开寿宁时，寿宁百姓十里相送，依依不舍。如今，许许多多民间所流传的有关冯梦

◎ 苏州冯梦龙纪念馆

龙的传说故事，是普通老百姓以其最单纯质朴的情感表达自己对这位清官贤吏的爱戴和追念。

习近平总书记曾多次点赞冯梦龙。2000年7月，时任福建省委副书记、省长的习近平同志接受《中华儿女》杂志采访，说："像古时写《三言》的那个冯梦龙，到福建寿宁任知县时60岁了。那时候怎么去的寿宁？万重山啊！我们现在还不如古时候的士大夫。""封建社会的官吏还讲究'为官一任，造福一方'，我们共产党人不干点对人民有益的事情，说得过去吗？" 2014年习近平在有关会议上高度肯定县令冯梦龙在寿宁任上"减轻徭役、改革吏治、明断讼案、革除弊习、整顿学风、兴利除害，打造了一个百姓安居乐业的寿宁"，把他与包拯、郑板桥、陶渊明等这些文人治县典范并提，给予高度评价，要求共产党人以古鉴今、以史为镜。

一座县城与一个文学巨匠，因了怎样的渊薮而相逢，何其幸焉！何其福也！一程穿越千山万水的步履，一段尽心尽力的艰难履职，一册穿越四百年时空的《寿宁待志》，让我们看到了冯梦龙的品质和精神。中国古代清官廉吏是优秀传统文化的继承者、践行者和创造者。“老梅标冷趣，我与尔同清”，冯梦龙廉迹彰于一朝，盛名传于千载，为后人留下了宝贵的精神财富。整理冯梦龙在寿宁任上的嘉言懿行，旨在鉴往知来，让后人谛悟其精神，秉承其遗风，进一步深化新时期的廉政、勤政建设。

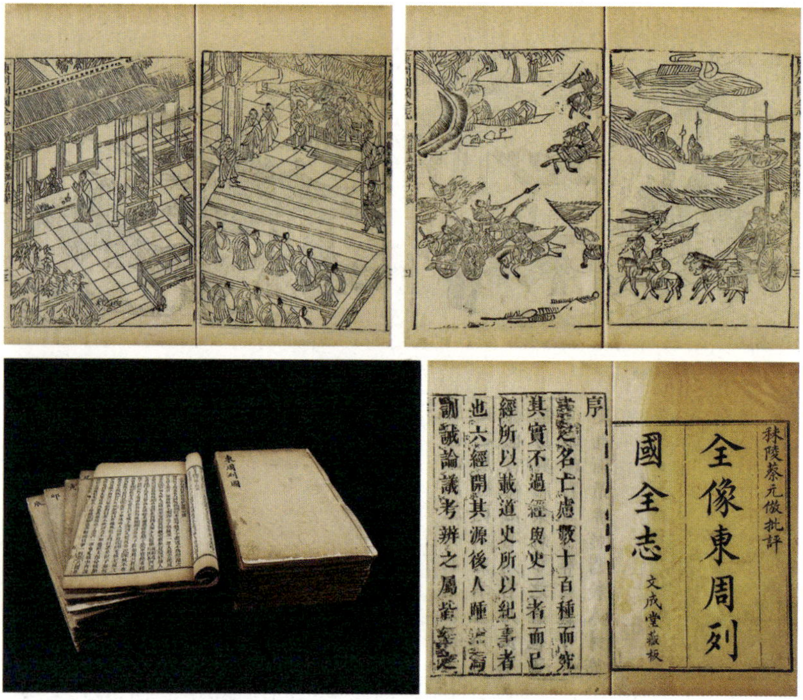

◎（明）冯梦龙编、（清）蔡元放评点《全像东周列国全志》（清文成堂刻本）

第一章 减轻徭役

导言

中国是农业社会，在漫长的封建社会里，农业几乎是唯一的经济产业，国家所需要的一切大都通过地方官员之手取之于民，以养活大批官吏和军队。因此，“岁会实征”是地方官吏的重要职责，征课赋税是地方官吏政绩考核的主要内容。冯梦龙来到寿宁，在这样一方贫瘠的土地上，本着“一念为民之心”，关心民瘼，劝民农桑，减轻赋役，留下勤察民情、体恤民众的从政佳话。

山高土瘠　赋役繁重

明景泰六年（1455年），析福安县西北地、政和县东北地置寿宁县，据《今县释名》，因歼平矿贼置县，取安宁之义，属建宁府。寿宁县城形如大鳌，传说鳌是龙之

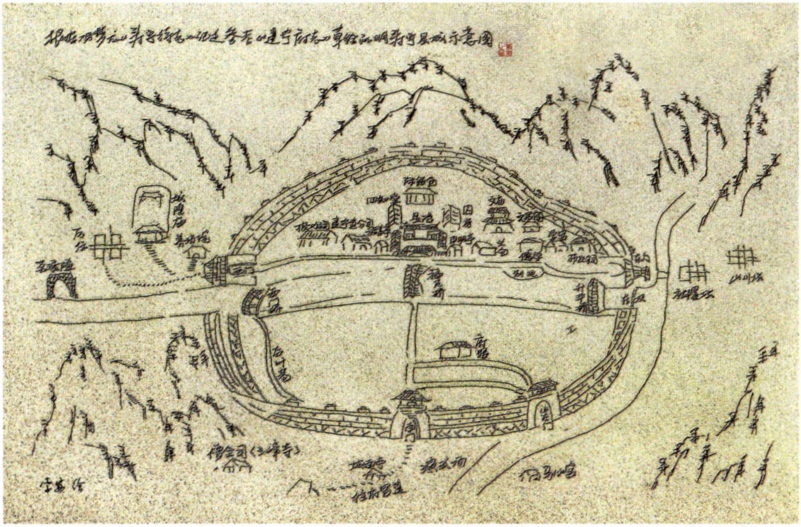

◎ 明寿宁县城示意图

九子的老大，相传“龙生九子，鳌占头”，形为龙头、龟身、麒麟尾，故称寿宁为鳌城。

明崇祯七年（1634年）五月下旬，冯梦龙带上儿子冯焴，从江南水乡苏州出发，越崇山峻岭，跨江河急流，于当年八月十一日到达寿宁鳌城。此后四年多的时间里，冯梦龙以知县的身份，开始了他实现施政为民理想的不平凡岁月。

寿宁知县的衙署坐落在寿宁著名的镇武山半坡上，依山而建。衙门前原有四棵大榅木，到冯梦龙到任时，只剩下两棵了。知县衙门不大，只有两进，质朴简陋。衙门内设有正堂、后堂、典史厅、六房、仪门、知县廨、典史廨、仪仗库、县库、架阁库、重监、轻监、吏舍等，为使人们知道恭敬之礼，冯梦龙还在大堂东边空地上另外盖座房子供养，门上挂写着“銮驾库”。

到任次日申时，冯梦龙站在镇武山上，见天边黄云出岫，幻为红霞，视为祥瑞，写了一首《纪云》诗：“出岫看徐升，纷纶散郁蒸。莲花金朵朵，龙甲锦层层。似浪千重拥，成文五色凝。不须占太史，瑞气识年登。”诗写得明快、开朗，通过那像莲花、似龙甲、如千重波浪的彩霞，抒发了自己思进取、欲作为的奋发向上的情怀。

到任伊始，冯梦龙除了认真听取老县吏叶际高、教谕田有馀、训导吕元英、典史柴达可等官吏的介绍，还不顾年高体弱，深入各图甲，了解寿宁县情。寿宁少田少地、财政亏空、百姓处于水深火热的现状，让冯梦龙忧心忡忡。

寿宁地处高寒山区，山上多石头，农民们必须凿石开辟梯田，高高低低的山田中，稍有一点沙土都种上了庄稼。寿宁山高水冷，种植和收成都不如别的县，庄稼一年只有一熟。如果遇上连日下雨，雨水一冲，禾苗便漂浮在水上；如果连日晴天，田地又干涸了。这样恶劣的条件，根本没有可以开垦的多余空地。明政府却把“升科”任务定为各州县的任务，并把“升科”作为考核官吏政绩一项必不可少的内容。为了政绩，各任知县都报“升科”，而寿宁“升科”，并没有新的田地，只是原来旧有的田。这样，升得越多，挂着的欠税就越多，地方财力就越贫乏。

明代为增加财政收入，制订了“鱼鳞册”和“赋役黄册”，将全国的土地和人民编管起来，为朝廷纳粮当差。前者用于括地，后者用于括户。鱼鳞册是将田地山塘挨次排列、逐段连缀地绘制在一起，标明所有人甚至点，因其形似鱼鳞而被称为“鱼鳞册”。它的编制，使赋役的征收具备了确实依据，多少防止了产去税存或有产无税的弊端，使朝廷税收有了保证，耕地及税额也有所增长。

“赋役黄册”以户为单位，核实户口，以便征调赋役，它的编制，使在册之人都无例外地为朝廷担负赋税和徭役，在一定程度上解决了赋役不均的问题，增加了朝廷财政收入。但至明代中期时鱼鳞册和黄册与事实不符，富户权贵，田连阡陌而不纳税，贫苦农民往往地少而需纳税。同时明朝的“力役之征”繁重，民不聊生。1581年，朝廷通令全国实行“一条鞭法”赋税制度，把当时各种名目的赋税和劳役合并起来，折合银两征收，但农民的实际负担并没有减轻，特别是商品经济不发达的地方，白银极为紧缺，因此导致了种种惨状，成为明末经济的一个严重问题。

寿宁有民谣这样唱道：“寿宁三件宝，地瓜当粮草，火笼当棉袄，棕衣当被罩”，形象地说明了当时寿宁山区农民生活之苦。明末的寿宁土地兼并剧烈，我们现在还可找到一些明朝留存下来的卖山契，这与《寿宁待志》中记载的“富者买山，贫者为佣”史实相印证。寿宁山民“冬月，贫

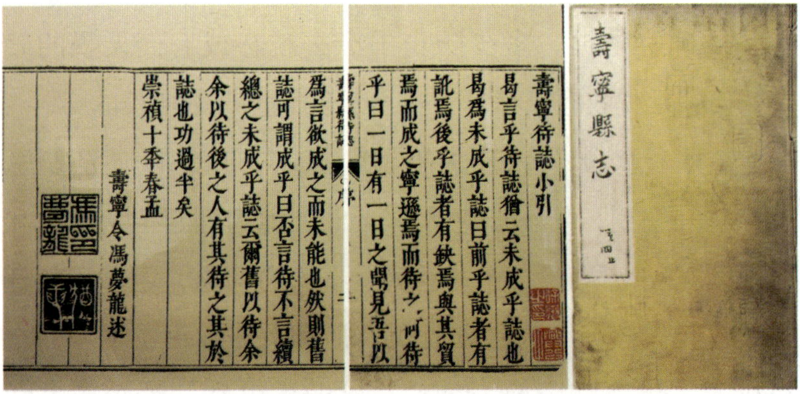

◎《寿宁待志》（明崇祯刻本）

儿赤脚，破麻裤不掩膝，而手必提竹炉烘火”的景象随处可见。赋税之重，百姓或藏匿不报，或外逃。“走龙泉、庆元、云和之境如骛”，“糊口麻山”，即外流浙南为佣种苎谋生。据《寿宁待志·都图》中开列，当时全县二百二十甲，“民贫”“民极贫”的七十多甲，“粮难”“粮颇难”“难完”的三十多甲，有三十多甲“外逃”甚至“逃绝”。在冯梦龙当知县之前，县上缴的赋税才一千六百余两，剩下的都是本县存支，但因数额不是太大，还可勉强维持正常开支。到冯梦龙当知县时，明政府在赋税之外还有名目繁多的额外加派等。这样，剩下归县里存支的寥寥无几，民众没有余钱，县库里也没有余财。

寿宁的贫瘠和寿宁百姓的疾苦让不远千里来到寿宁的冯梦龙深感震惊，他在《寿宁待志》中清楚记录了当时触目惊心的现实。在他的文字里，生动地再现了当时寿宁山区人民艰辛生活、生产的情景，并表达出了对百姓深切的悲悯和同情，也对统治者的横征暴敛进行了揭露和批判。在《寿宁待志》一书中写到“除夕”时，冯梦龙专门记录了明代“贫家”的辛酸：“是夜，民间彻晓不睡，子母之家，遣人索逋，旁午于道，漏下五鼓，县官出堂习仪方止。城门不闭。贫家趱口者，或夜半始归。”你可以想象冯梦龙在昏暗的油灯下写下这段话时，是一种怎样的心情。

冯梦龙在寿宁任上还写下《竹米》《瑞禾》《催征》等五首诗文。五首诗都表达了冯梦龙以百姓之喜而喜、以百姓之忧而忧的情怀。《催征》一诗中，冯梦龙就直接表达了他对催征之下百姓艰难生活的感同身受。崇祯八年（1836年）二月，侍读倪元璐上言：“今民最苦，无若催科。”冯梦龙以此为题，用诗歌的形式揭露封建王朝苛捐杂税给人民带来的苦难，流露出了同情农民的情感。“不能天雨粟，未免吏呼门”二句，指出了“天雨粟”是无法实现的幻想，寿宁“民贫粮欠”，吏役呼门催征，闹得鸡犬不宁。在官府横征暴敛下，农民只好“带青砻早稻”，甚至于“垂白鬻孤孙”，在死亡线上挣扎。冯梦龙不回避当时的社会问题，不粉饰太平，他透过现实生活中人们已习以为常的普遍的不合理现象，抓住本质，加以锤炼，让人印象深刻。

另外的四首诗也在写寿宁百姓的苦难生活。《寿宁待志·祥瑞》中记录：“崇祯八年，竹间有生米者，是岁秋成大损，……崇祯九年春夏之交，遍山皆竹米，形如小麦。值米贵民乏食，取而粉之可粥，舂之可饭。于是阖邑竞采，……凡出竹米数千斛，民赖以济。”文中写了歉收年，寿宁幸而出现竹米，百姓靠竹米才度过了饥年。冯梦龙在《竹米》诗中运用比喻手法，具体地描述了竹米的形态和香气，又把寿邑大人小孩争相携筐撷采写得十分热闹。但这“热闹”只是表象，“热闹”的背后是心酸的现实——大群大群百姓上山采竹米度荒！寿宁农民终年辛勤劳动，收获的粮食大半进入官仓。统治者刮尽了民脂民膏，遇到荒时饥年，官府依然不肯怜惜百姓，照样逼赋上税。灾民们竟不得不靠“万竿非树艺”的竹米来“三夏接青黄”。面对如此状况，冯梦龙虽怜悯百姓，却也毫无办法，只能用“深山无赋税，多产亦何妨”的诗句来表达对明末繁重赋役的抨击。

冯梦龙心系百姓的情感还从《瑞禾》中所流露出来的惊喜探知一二。“甘霖应祷，年臻大有，渔溪一带禾穗竟有两歧、三歧者”。“灵雨欣随祷，嘉禾喜报秋”，冯梦龙说：“麦穗两歧，尤腾歌颂，况禾乎！”诗中用生动形象的语言展示了一幅丰收在望的喜人图景：金黄色的稻谷在秋波中摇曳，沉甸甸的稻穗踏着节拍，随风摇摆。秋风

◎ 冯梦龙在寿宁之关心民瘼（吴华光绘）

里，稻谷黄，风声稻浪，这是田园里最美妙的乐章！作为一县父母官，冯梦龙高兴之余，又忧心忡忡起来，这点丰收的粮食会进入百姓自家的粮仓里吗？苛捐杂税还在那里虎视眈眈呢！所以，冯梦龙哀叹："穷民犹蹙额，五月卖新禾！"农民虽有收获，但依然"禾刀挂上壁，肚皮贴背脊"。灾年，农民苦；丰年，农民还是苦！两种截然不同的景象以极大的反差被冯梦龙排列在此，出人意料，犹如一桶冷水，将先前那"预拟公储满，聊宽瘠土忧""已卜鸡豚饱，无劳鸿雁歌"的勃勃兴致，冲刷得一干二净。

这些反映现实的诗篇，表达了冯梦龙关心、同情贫苦人民的情愫，以及他关心民瘼的形象。"聊宽瘠土忧""无劳鸿雁歌"是他"一念为民之心"的写照，而"此君生意在，暂槁亦何妨"，则更表达了他愿为民牺牲自己的精神。

寿邑的生产条件如此恶劣，民众生活如此贫苦，冯梦龙感叹道：这样的境况，要官员们在地方有所作为太难了！他是一个具有悲悯情怀的人。在《智囊》评注中，冯梦龙曾表述过自己对赋税问题的独到见解，他充分肯定刘晏的赋税原则"常以养民为先，可谓知本之论"。这种以民为本的赋税观念，使他坚决反对"税外横取"，要求"罢无名之敛"。他认为，不管经济生产状况，不计百姓承受能力的横征暴敛，其恶果往往是"人不堪命，皆去为

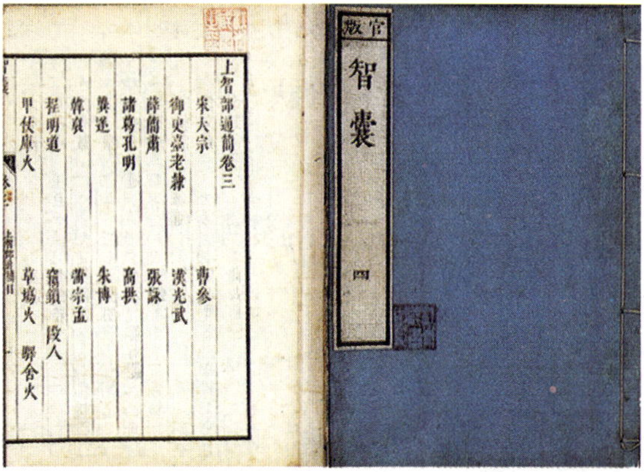

◎ 冯梦龙《智囊》（日本刻本）

盗”。他批判那些“自附养民，而反多方以害之”的官吏。他还针对当时“沿江之邑”“沙涨成田”的情况，主张税收的增加与减免要因时而异、因地制宜，不能只升不减、一成不变。并揭露了当时存在的“有司喜以升科见功，而不知异日减科之难”的腐败官风。这些具有进步意义的赋税思想直接影响了冯梦龙在寿宁时对科赋的态度和采取的措施。他知难而上，明知难为而为之，提出“宽其赋役，可使无饥”的施政纲领，并采取一系列措施，希望救民于水火。

“宽其赋没，可使无饥”

一、深入实地调查县情、民情

没有调查就没有发言权，察县情、知民情是解决问题的关键。一到任上，冯梦龙不顾年迈，经常微服私访，深入各图、甲实地调查，掌握第一手实情实况。《寿宁待志》中可常见到“父老云”“当问之老农耳”的记载。冯梦龙奔走于村野乡间，全面真实地掌握了全县“土田”“户口”“升科”“赋税”“物产”“里役”等方面的具体情况，然后提出了要加强粮食储备、防范山林火灾等措施，并严厉批判了大造黄册、田地升科的行径，一针见血地指出“天下有名美而实不美者，升科是也”，实在是敢于为民鼓呼的父母官。在《寿宁待志》“赋税”一目中，他“将万历二十年以后加裁之数详著于后”，以便“使览者知寿民之艰与寿令之苦，冀当路稍垂怜于万一云”。他希望上层的官吏能明白下层百姓的疾苦，休养生息，怜悯百姓，不要将百姓逼上绝路。其拳拳之心可赞也！

二、改革黄册，禁假“升科”

最能体现冯梦龙简政轻赋、与民休养生息的，莫过于关于大造黄册及迎新送旧的条陈和改革。明朝十年一次

◎ 冯梦龙在寿宁之明察暗访（吴华光绘）

的大造黄册，重新登记丁口、田地，事繁重、费用大。当时的寿宁，甲长、里长中能识字的并不多，因此，造册登记这种活都要雇人承办，承办者往往借此敲诈勒索，无端地增加费用。冯梦龙认为“这是二十二图公共大费之苦也”。有鉴于此，他在条陈中建议如实向上级官府条陈“大造黄册”和“迎新送旧”两件最为害民的事，要求进行适当的改革。他主张一是要选用有经验的承包人来完成黄册的编造。造黄册也是一项技术活，没有经验，往往需要返工等，费时费力。冯梦龙下令只有被认定有造黄册经验的人才可承包。二是承包人在收了工食银、酬谢犒劳的钱后，也要承担误工、返工等费用，不能再摊派额外的银两。冯梦龙相信，这样总书手、算手就都会把工作好坏看作关涉自己切身利益的事，才会认真办事，黄册上送之后驳回或责罚的银子就会由承包人来承担。这样，百姓的困苦可能就可以稍微减轻些。

为了更好地施政，冯梦龙在详细考察的基础上，对全县行政区域二十二图二百二十甲的地理位置、民风民俗、资源特产、产粮纳粮，做了详尽的了解并加以记录，特别是归纳出了粮少难完、粮多难完、粮少粮易的图甲，对官府的纳粮工作做了细致的分类指导，以避免乱摊派。

随着明末社会各种矛盾的加深，朝廷开支越来越浩大，不断以各种名目增收赋税，小小的偏远山区寿宁县也在劫难逃。《寿宁待志》中记录的有时间、有数目、有根据、来自上头追加的赋税，如“加派”“扣减”“捐助”“借扣”“暂输”等，名目繁多，不下十几种。这些都冠以“圣裁”“奉文”“遵奉明旨”的名头，小小知县冯梦龙也无法不执行。身处基层，对百姓的疾苦感同身受，冯梦龙感慨农民“带青砻早稻，垂白鬻孤孙”；他自叹“不能天雨粟”，又自叹“聚敛非吾术”，但也只能履行催征的任务，“未免吏呼门”“忧时奉至尊”；他只能大声呼吁：“安得烽烟息，敷天颂圣恩。”

冯梦龙到任后，吏胥们每年都上报升科的“政绩”。冯梦龙调查后断定，这是虚假的“升科”，他联想到自己往日任丹徒（镇江）训导时，也发现虚假的“升科”，并曾激烈地向县令提出纠正弊病的建议，因不了了之而耿耿于怀。现在他就坐在县令的位置上，却仍然无力纠正弊病，只能痛心地自责：“当下数升愧汗矣！”他认为原因是：“牵于文法，不行其志。”

◎ 冯梦龙在寿宁之究弊升科（吴华光绘）

他是一个小小的知县，所能做的只是“今将万历二十年后加裁之数详著于后，使览者知寿民之艰与寿令之苦，冀当路稍垂怜于万一云”。在这里，他将“寿民之艰”与“寿令之苦”联系在一起，真切地反映了明代特别是明末地方知县的“难为”“不可为”：于国家要完成催征任务，于自己要出政绩，于百姓要体恤。三者权衡，显然，冯梦龙选择站在百姓的立场上。

三、发展农业、注重积贮

（一）深入调查田地特点，虚心请教农民。

冯梦龙在《寿宁待志》中写道：“寿凿石为田，高高下下，稍有沙土，无不立禾。计苗为亩，不可丈量”“山高水寒，树获俱后于他县，岁止一熟”。寿宁因山高寒冷，植物与其他地方相比，下种的时间和收获的时间都要晚一两个月，粮食生产只有一熟，而且产量低。冯梦龙没有因为自己是一县之令而高高在上，他详细了解了寿宁的这些情况后，提出要请教有经验的老农：“大抵田滋于水，水脉通塞，而田之肥瘠随之。然或高下而燥湿相反，或连圩而润涸顿殊，此当问之老农耳。”

（二）关注农业生产的细枝末节，主张防患于未然。

在冯梦龙眼里农耕无小事，他观察到烧草木灰可能导致火灾“冬月，烧山取灰，故随处有灰厂。或恐伤竹木，扫草叶即于厂内煨之，屡致延烧，不可不戒”，谆谆教导百姓要多加注意野外烧火，不能因此酿成火灾。在寿宁的四年多的时间里，冯梦龙事无巨细，凡是关乎百姓民生的他都予以特别地关注。

（三）十分重视粮食生产问题。

冯梦龙一再强调粮食生产是一切经济生产中的头等大事。他对那些重视耕作、采取有效措施促进农耕的官吏大为赞赏，并多次阐明自己劝农与悯农的态度。冯梦龙认为：在粮食输纳政策上当以民为本，采取“丰时籴之，使无价贱伤农之患；缺时粜之，以摧富民封廪腾价之计”的方式，丰、缺年有别，平和粮食价格。他再三强调“王者爱人不在赐与，当使之耕耘织纴，常岁平敛之，荒则蠲救之”，做到有备无患。他还提醒人们不能求“利厚”而忽视产，舍弃立食之本。他举例说：“泉地出甘蔗，为糖利厚，往往有改稻田种蔗若，故稻米益乏，皆仰给于浙直海贩。”泉地人趋糖厚利，改稻种蔗，是目光短浅的做法，最后，连稻米都要仰仗别人。由于寿宁田地高而瘠，粮食产量低下，一些农民受利益驱使，有不少人“近得种苎之利”，要么将有限的田地改种苎麻，要么到庆元一带种苎麻，致使少得可怜的田产荒芜，“田颇有就芜者”。冯梦龙对此忧心忡忡，他在《寿宁待志》中举出田地荒芜带来的种种弊端，明确表示“此不可不责之田主”。他主张要正确看待农业生产中利与益的关系，不能因利忘义，“见小利而大事不成”，显然是亏大了，希望“莅兹土者，当设法禁之”，即使“骤似不情”，也当如此，因为粮食生产乃是“惠后甚溥”。

（四）注重积贮。

在中国，由于封建社会生产力低下，积粮备荒意义重大，被认为是“天下之大命”。备荒仓丰年敛，凶年散，取之于民，用之于民，不但使灾民起死回生，而且还可使因灾荒触发的经济危机得到缓解，复苏小农经济，它实际上是集农业借贷、稳定农村社会秩序和救灾养恤为一体的社会制度。在明代，备荒仓主要指的是预备仓及后来兴办的常平仓、义仓和社仓。县级政府主要要推行的便是备荒仓的建设和充实。

在寿宁，最让冯梦龙费心的就是积贮一事，他在《寿宁待志》中将“积贮”独立一目，并大段引用何良俊的原话：“今之抚按有第一美政，所急当举行者，要将各项下赃罚银，督令各府县尽数籴谷。其有罪犯自徒流以下，许其以谷赎罪。大率上县每年要谷一万，下县五千。两直隶巡抚下，有县凡一百，则是每年有谷七十余万。积至三年，即有二百余万矣。若遇一县有水旱之灾，则听于无灾县分通融借贷，来年丰熟补还。则东西百姓，可免流亡，而朝廷于财赋之地，永无南顾之忧矣。善政之大，无过于此。”冯梦龙认为，所谓的“天下第一美政”就是将赃罚银等用于购买粮食谷物，以备灾年荒年之用。事实上，在宦寿之前，冯梦龙对积贮就有自己独特的认识，他在《智囊·明智部》“经务”卷之“社仓”中记载朱熹设社仓、储备粮食、使百姓安然度过荒年的惠政事迹。他还引述了陆九渊在建安崇宁县实行在社仓之外设立常平仓的事迹，推崇“丰时籴之，使无价贱伤农之患；缺时粜之，以摧富民封廪腾价之计”这一行之有效的“代社仓之匮”的方法。结合这些行之有效的方法，针对当时存在的积谷弊端，冯梦龙感叹“今有司积谷之法，亦社仓遗训。然所积只纸上空言，半为有司干没，半充上官无碍钱粮之用，一遇荒歉，辄仰屋窃叹。不如留谷于民间之为愈矣。噫!”表明了自己在积贮上的深谋远虑。在《智囊》评注中，冯梦龙也再三强调粮食储备的重要性，并针对当时的诸多弊端提出自己的看法。然而，这些只是纸上的空言。积贮的粮食一半被官吏据为己有，一半变成朝廷非正常调用的钱粮来源。一碰到荒年歉收，还是一点办法也没有，还不如不要设置，单纯把谷物留在民间更好。

《寿宁待志·积贮》记载，万历年间戴镗任知县时，寿宁除县仓外，立社仓五所，“共积过一千二百石有奇”，可是由于四十多年间“荒旱相仍，民穷财尽，乐输者少”“诸仓亦尽废”，“县仓岁积，若陈陈相因，尽可代匮。奈往时征输不逮，悉借办于谷价，凡那去二千三百余两，历年所积，一空如扫”。据旧志所载，际留仓、预备仓在幕厅前，有官厅一所，朝南仓库二间已毁，冯梦龙对朝北的四间仓库做了修葺。冯梦龙之前的好几任知县手上都有拖欠的钱粮，冯梦龙深感怨愤，“钱粮歉久尚不易追，况使后任追前任数年以前之冷赎，有是理乎”？于

◎ 苏州冯梦龙故居

是，他上任之始就谋划发银换谷一事，但因问题累累，难以继办。认领则大户报名不实，冒领则无赖诓骗推脱，发银时容易，但收谷时却困难重重。最后没有办法，冯梦龙还是按照戴镗的“诚然良法”加以执行，即申请将赎银储存不发，在每年开征赋税的时候，对于需要交纳数额为一石米的粮户，除了从赎银中直接扣除三钱外，再责令输谷一石。这样就没有拖欠的可能，清算清楚后将剩余的赎银再行发放。这样“官无发粜之忧，民有乐输之便”，三年以来“储俱见谷”。但这种方法也存在一些弊端，因为寿宁是山区县，道路崎岖，百姓来往困难，戴镗的“诚然良法”只适用于离社仓近的地方，远的地方，如果要负重担前行就不可行了。同时，一些淳朴乡民托保家买纳，任其

◎ 冯梦龙在寿宁之宽政安民（吴华光绘）

需索，甚至故意拖欠，造成乡民不能及时缴纳。冯梦龙思量着修复戴镗所设位于乡下的四处粮仓，这样民众不需要长途跋涉就能就近纳粮。对于责任追究也能落实到相应的人，因“各有干系，必不敢互相欺蔽，自取罪戾”。但可惜的是，直到冯梦龙修纂《寿宁待志》之时，此事“因隘工未毕，物力不继，尚未请详，姑少待之”，也不知后来如何。但冯梦龙在粮食输纳政策上的“以民为本”可彰显一二。

四、整顿白银、规范市场

明代，白银成为普遍流通的货币。寿宁人所用都是来自苎山的银子，成色很差，所以多数是低价银。寿宁的大石、蓝田、淳池、杨梅弄等地也有熔炼银子。市面上还有一种“神仙银”，是用药水煮铁做成的假银，小块状，使用率广，最害穷人。冯梦龙了解到这种假银多数出自建阳，因此，他主张与建阳方面协力，予以访查究治。为了防止假银流通，冯梦龙要求下属严格按印记、字号收纳税银。一般情况下，县里炼银的官匠，各自都会在银子上留下印记、字号。到发解的时日，让官匠认字号去熔炼。这一措施有效遏制了“神仙银”的流通。

当时，为防低成色的银子，做买卖的人得用戥子。戥子是一种小型的杆秤，旧时专门用来称量金、银、贵重药品和香料的精密衡器。戥子价格贵，小买卖人一般用不起，而不用又怎能识别出低成色的银子呢？所以，小买卖人很是苦恼。冯梦龙了解到这一情况，主张革除这一弊病，并认为革除这一弊端，一定得用钱不可。但是，府里已很久没有铸钱币了，钱的价钱又很贵，运到县里又要花费一笔运费，谁用得起呢？冯梦龙希望上级能放宽政策，积蓄一些赋税盈余的钱在布政司，把钱留在县里流通，收和支一样价钱，上下能行，流通不断，专门满足一个地方使用，低成色银、假银和重戥的弊端就可以全部消除。可惜，这一建议，没能受到上级的重视，最终不了了之。

五、关注百姓食盐问题

著名经济史学家吴承明先生指出，在鸦片战争前传统中国的商品结构中，盐的流通仅次于米和布，居第三位。

自朝廷财政看，盐课常常占据50%甚至更高的比例。许多时候，盐还是重要的战争资源，这些都显示出盐在传统中国的重要性。

自汉代开始，中国大部分的历代王朝均实行盐专卖制度，盐税成为封建王朝重要的税费收入之一。1361年，朱元璋就设立盐法。明代中后期，各盐区出现许多弊端，官、商、民、匪均参与舞弊，盐官贪欲大张，一些民众视制盐、贩私为谋生之道，私盐活动的猖獗，发展到了“盐

◎ 冯梦龙故居院子内的半亭和琴桌

徒充斥，无处不闻”的地步。私盐的泛滥导致官盐销售量急剧下降，影响了政府的财政收入，同时对官场风气和社会稳定产生了消极的影响。

食盐专卖制下的明朝社会，产盐、吃盐，都被朝廷管起来了，官府按配额分发，定点定价销售，无自由购买食盐的渠道，跨界买卖食盐是非法，明代中后期才开始出现盐店供销，老百姓常常不是有钱无处买盐，就是因为盐太贵而买不起。明朝的盐价贵得离谱：万历年间，江西的1斤猪肉价（14文钱），只够买2斤多的广东盐、1斤多的淮盐。

寿宁不近海，交通又十分不便，山民食盐要靠水路运到黄崎司（赛岐），换成斜滩槽，运到斜滩，再从斜滩由挑夫经车岭挑到县城，路途十分遥远。明朝官署原定额的盐船有九艘，除此，还有“徽商”也参与经贸。明政府在斜滩设有盐运司，负责检查盐课，缉拿私盐。

到明末，私盐泛滥，加上匪盗猖獗，外地盐商如冯梦龙提及的徽商及其他外籍商人洪足国、将行吾、曾隆等经不起当地地霸的不正当竞争导致亏本，只好返回原籍。而本县的商船又因海寇袭扰被焚烧，商业活动一度停顿。因此，私盐走私便更加热闹起来。盐贩多数选择从宁德小路前来，过七都、泗州桥，进入寿宁县城。这一路可是十分惊险、艰难，他们一要防劫匪，二要防官府缉拿。所以，盐贩只好抱团取暖，制定相应的措施，进行有组织的行动，甚至雇用一些强人保护。官府为了杜绝私盐，派兵捉拿盐贩，但派出的十几名弓兵根本对付不了他们，有的不敢上前相问，有的问了反遭打。如此，寿宁的盐价不断攀升，老百姓苦不堪言。

明政府有明文规定，小船不能夹带私盐，但下达给寿宁全年缉获贩盐的任务是两千斤，每季五百斤，按季要到道馆去核对评比。县里无法完成任务，只能从弓兵每天的生活用盐中去克扣补充，弓兵怨声载道。

为了保证境内食盐的供应，冯梦龙开始“熟筹盐策”，思考关乎百姓民生的吃盐问题。他认为寿宁私盐猖獗且价格贵，是因为政府没有保证足够数量的盐进入寿宁市场。所以，冯梦龙主张除灶户外，唯有招徕商人，才能保证充足的盐量。灶户是中国古代设灶煎盐的盐户，这种叫法开始于五代，后来成为作制盐户的通称。面对商船不够，冯梦龙又想出“照大盐事例，计户食盐”“每乡设立官牙”的办法。即统计寿宁百姓实有的食盐量，然后承包给盐商。对于这一做法，冯梦龙问询了境内的盐商，都说可行。但这一决策因“文未批转”，实行与否不得而知，不过我们从这里可以看出他对百姓生计的关心。

第二章 改革吏治

导言

县令作为中国封建时代县级行政区划的最高长官，掌握着所管辖区域内的行政、司法、审判、赋税、劳役等权力。吏治情况如何，直接关系到政权的兴衰和存亡。冯梦龙在寿宁，以“平生做事不求名而求实”的态度，用自己花甲之年的人生积累与才华智慧，提出了“以勤补缺，以慈辅严，以廉代匮”的施政理念，以清正为民的官吏为榜样，以勤补缺、一念为民、修明吏治，将自己的吏治思想付诸实施，赢得了百姓的爱戴和拥护。

吏治腐败　处境艰难

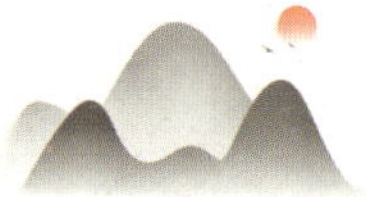

明代的太守、县令在整个国家的官僚体系中地位十分特殊，他们处于官僚体制和基层社会接壤的边缘。一方

面，他们离国家决策中枢较远，得不到最高层的重视；另一方面，他们所管理的基层政权，又是整个明王朝的基础，承担着维系基层统治的重任，因而皇帝和中央政府又不得不重视州县统治的职能。对州县守令的轻视和对州县建制的重视，使守令处于一种尴尬的境地。作为州县长官，一方面是远离政治中心的冷落，另一方面是职责的繁重和压力。

明朝建立之初，来自民间的朱元璋深知州县的难处及其对稳定国家政权的重要，极重守令之选。但好景不长，到仁宣年间，已有内重外轻的迹象。想当官的人视州县为畏途，稍有关系的都不愿到州县就职。到了明中后期，明政府越来越重视地方官对国家财政的供应能力，州县官员的职责转向催科为主。上有督抚巡按催逼索要，下有乡宦、生员、胥吏把持地方，州县长官十分难做。万历二十三年，吴县知县袁宏道在给友人丘长孺的信中就说："弟作令，备极丑态，不可名状。大约遇上官则奴，候过客则妓，治钱谷则仓老人，谕百姓则保山婆。一日之间，百暖百寒，乍阴乍阳，人间恶趣，令一身尝尽矣。苦哉！毒哉！"知县难为的神态，跃然纸上。

冯梦龙在审阅历年的账目中发现，像寿宁这样的贫困山县，迎新送旧也十分高调、讲究。明代州县的上司之多，监控之严，是前所未有的。凡任州县者，不馈送就无法做官。馈送的对象主要有四：一是府衙和布按二司，二是中央派出性质的巡按督抚，三是过往客人，四是京司。州县的直接上司是知府，因此也是州县送礼的首要机构。海瑞就曾称："县百事统于府，旧例，小有故必参谒。"即使清如海瑞，在他任淳安知县时，为百姓生计曾一分一厘地节约用度，在朝觐之年也要科派二百四十两银子作为馈送之用，其中九十两就用于府衙。而督抚巡按等的馈送，更是不能少的。明朝也设立巡按御史考察地方，对地方官有举有劾，被举者则有谢荐之金，或百或千，而且自称门生。崇祯时，一名御史遣差巡按一次，所获馈遗谢荐就多达二三万两，由此，可见当时馈送问题多么严重，危害有多大。

过往客人更是多如过江之鲫。有朝廷命官、公差，有官宦子弟经过，还有中官派遣，故旧私访。因此，招待费用成为州县的一大开支。至于京司，州县主要是在三年朝觐之时需要馈送贿赂。特别是户部吏员，更是地方官的克星，不馈送贿赂，宦途必不顺。

冯梦龙是举贡出生。明代重内轻外，士人特别是进士对州县官职往往不屑一顾，致使州县官吏多无人赴任。永乐以后，随着科举制的不断完善，州县官员一般都是进士或举监。但就知县而言，以举监居多，佐贰则杂用举监和吏员。明代举人和进士在仕途上差别极大，对地方政治有着重要影响。一些重要的州县都被甲科所垄断，而乙科只能到边远小县任职。举贡与进士，天壤之别。进士出身的即使担任同知、通判或知县，也是作为过渡台阶，一般不会尽心尽力管理辖区，而是敷衍了事。往往恃宠而骄。进士和举监分途，使地方政治深受其害。在内重外轻的局势下，万历以后，知县乃重。但只是进士以其为登身之阶而重，以其能交接关系而重，以其能搜刮钱财而重，而举监之轻如故。不但于地方政局无补，而且有害。嘉靖、万历以后的进士谋任知县，志在行取科道，而不在抚治一方。

明代州县守令处境难，还表现在州县官的僚属和境内乡绅士大夫对地方政务的干涉。这些人看来是州县官的属下和治民，但州县长官通常或多或少要看他们的颜色行事。原因是明代州县的正式官员极少，属州与县衙，其职官最多不过四人，因此州县政务主要靠吏员办理。这些吏员多数是当地人，关系网强大，往往结党营私，为所欲为，让州县正官无可奈何，只能任由其把控一方，听之任之。

明末清初思想家王夫之在反思明代州县吏治的时候，说“胥吏威行于郡邑”。明代官员虽说工资低，但好歹还有工资，州县的胥吏，很多连工资都没有，只能领到一点点生活费，同时，胥吏的政治地位很低，胥吏的子弟连科举都不能参加。但是，很多人挤破脑袋都想到衙门里谋个差事，为何？显然不是为给朝廷当差、为百姓服务，而是因为有利可图。胥吏被同僚看不起，并且没有出头之日，在这种情况下要求他们尽忠尽责，显然有点不切实际。他们只要能够敷衍上级就可以了，至于怎样做事，在长期上跟政府、下跟百姓的交往中，已经形成他们自己的一套行为哲学和做事方法。对上级，他们虚与委蛇；对待百姓，他们如狼似虎。他们往往把积攒在心里的怨恨都发泄在老百姓身上。明代的地方行政官，大都不是管事的，事都交给胥吏去办。一个官员从秀才到举人，从举人到进士，从进士再到大学士，得多少年？很多人五六十岁才考上个进士，这辈人做官后，哪里知道做事。一个真想做事的官，一到衙门，至少需要三四个月或一年半载，才能把衙门详细情形弄懂一二，铁打的胥吏流水的官，胥吏固有一方，上下相混，四面八方相勾结。对外面来的正官，阴阳两面，暗中作梗。“妄你官清似水，难逃吏滑如油”这句话指即使是清正的官员，也难免被狡猾的下属蒙蔽。

到明代中后期，由于国家多事，赋役更加沉重。同时，一些官吏乘机通过不正当的手法攫取财富，大捞油水。那些靠花钱买来胥吏的人更加肆无忌惮地敲骨吸髓，利用各种文书、诉讼、征粮的机会，大量收受贿赂，

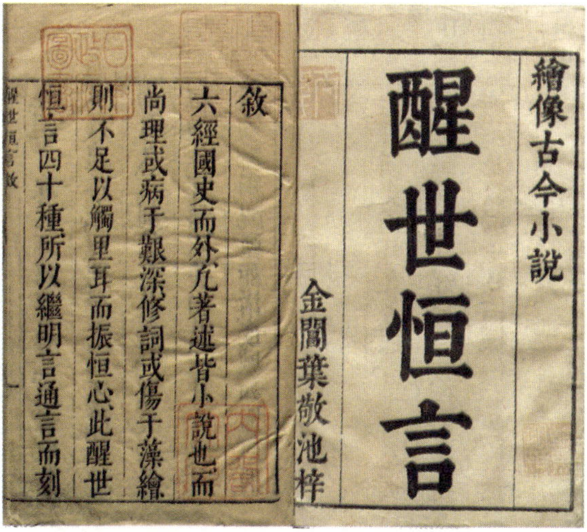

◎ 冯梦龙编《醒世恒言》（明刻本）

再用一部分赃款贿赂上司，“儒官初任，政未谙练，拱手仰成，以吏为师。吏满三年，金箱玉囊，动盈千数”就是对当时现实的最好描述。如此折腾就更加剧了州县吏治的败坏。

以廉代匮　修明吏治

寿宁是偏远小邑，但麻雀虽小，五脏俱全，明末官场乱象，寿宁一应俱全。科举考试中一些有钱有势者也在花钱买取功名。而那些吏胥和“包承之人”，用种种方法搜刮、压榨，中饱私囊，搞得“穷民典妻卖子，犹不能偿，弊乃不可胜言”。

冯梦龙清醒地看到当时社会的危机和人民的苦难。上任伊始，针对寿宁“岭峻溪深，民贫俗俭”的现实状况，努力实现“无寇”“无饥”“无讼”，成为冯梦龙在寿宁施政的出发点和归属。

一、重视清官的榜样教化作用

1.捐俸集资修缮“四知堂”，对官吏进行警示教育。

四知堂的故事，出自东汉名士杨震，公元 108 年（东汉永初二年）春，他调任东莱太守，路过昌邑，当时的昌邑县令王密是他在荆州刺史任内荐举的官员，听得杨震到来，晚上悄悄去拜访，并带金十斤作为礼物。王密送这样的重礼，一是对杨震过去的举荐表示感谢，二是想请这位老上司以后再多加关照。杨震当场拒绝了这份礼物，说：

◎ 冯梦龙纪念馆展厅“四知堂”

“故人知君，君不知故人，何也？”王密以为杨震假装客气，便道：“幕夜无知者。”杨震听了十分生气，说：“天知、神知、我知、子知，何谓无知？”王密十分羞愧，只得带着礼物，狼狈而回。这就是东汉太守廉洁清正、谢绝馈赠的故事。“四知”乃成为千古美谈。

明万历年间，寿宁知县戴镗在衙后曾建有一座“四知堂”，作为官吏廉政警示教育基地。冯梦龙到任后，因见“四知堂”年久失修，带头捐俸集资修缮，还经常带官员到“四知堂”进行廉洁教育。他以梅来明志，表达自己要廉洁为官的决心。他以身作则，不但不收受任何馈赠，还经常拿出自己的俸禄，捐助贫困百姓。

2.重视清官的榜样教化作用。

冯梦龙在《三言》中树立了许多清官廉吏形象，他们关心民瘼，精明公正，为民做主。他通过小说中这些清官的形象，来表达自己的政治理想。在《沈小霞相会出师表》中，他盛赞沈炼做得三任好县官：“吏肃唯遵法，官清不爱钱，豪强皆敛手，百姓尽安眠。”这正是冯梦龙对修明吏治的美好愿景。冯梦龙在重新评纂《智囊》时，十分注重辑录以往众多的明君贤臣名宦良吏的美政事迹，并加以点评称颂。

◎ 戴清亭

来到寿宁以后，他认真翻阅寿宁几任县令的事迹，对其中几位知县的事迹进行了表彰，并记录在《寿宁待志》里。他十分敬佩前任县令戴镗，在《寿宁待志》里记述了戴镗的做法。一是设置了四隘；二是申详上级恢复民兵名额；三是积贮粮谷有“准粮”的办法，征收赋税有“有限”的办法。冯梦龙认为正因为戴镗的这些举措，坏人都不敢出来捣乱，坊隅和各里百姓生活安定，县、乡仓库充实。他称赞戴镗是一位高明且具有卓越才能的人，深得民心，并认为寿宁名宦祠还没有他的祀典，是地方的责任。冯梦龙修戴清亭，以诗明志，就是希望自己也能像戴镗一样，做一个清明廉洁的地方官。

冯梦龙赞赏来自湖广常德武陵的周良翰。周良翰于天启年间任六年寿宁知县。办事有魄力，有作为。他以铲除势豪和狡诈奸猾的人为主，厘清预支，禁止越级告状，说到做到，吏员怕他，民众怀念他。有一年除夕夜，他听到县库中有嘈杂的声音，便悄悄出来听，原来是库吏欠了人家的钱，开启县库，从库里偷钱去还人家。查看原来银子的封袋里面，很多已是用钱代替银子了。于是，他严厉地责罚了这个库吏，而把库银收藏到县衙，亲自管理银子的进出，依时开支、上解。周良翰的做法显然得罪了一些属吏，后来，一些属吏、地方儒生向上级鼓噪，使得周良翰被上级解职。冯梦龙不认同上级的做法，为周良翰鸣不平，并在《寿宁待志》里记述周良翰的事迹，予以肯定。

冯梦龙还十分认可来自浙江严州府遂安县、天启四年任寿宁知县的方可正。冯梦龙称赞他留心民生疾苦，其清高的节操像水那样洁净。虽然因身体原因辞官，在寿宁任上只有半年，但是，百姓和官吏们都十分爱戴他。冯梦龙记录这些清官的目的，就是要官员们以他们为榜样，做一个关心民生疾苦的好官，他自己更是身体力行，清正为民。

二、以身作则，体恤属下

冯梦龙所在的明朝晚期，贪腐成风，纪纲败坏。他自知“人微言轻”，无回天之力，要做到人人“不想腐”难于上青天。但他始终坚持自律，以身作则，希望能力所能及地纠正一些腐败现象。他引用苏轼的话高度赞扬鲜于侁“上不害法，中不废亲，下不伤民，以为三难，仕途当以为法”。鲜于侁是宋朝王安石变法时的利州路转运副使，他所管辖的农民不申请青苗钱，王安石派官吏前往质问责难，鲜于侁回答说，青苗法规定：愿意申请的百姓就贷给他，百姓自己都不愿意，又怎么能勉强他们呢？苏轼称赞鲜于侁“对上不妨害法令施行，居中可以照顾到亲人，对下又不伤害百姓”，三方面都能够兼顾到，实在不容易，做官的人都应该向他学习啊！

冯梦龙对下属严格要求的同时，又尽关心体恤之责。他及时向上级反映下属的政绩，并为山区小县干部提拔不易而鸣不平。他认为寿宁县令难做，当下属的也不容易。

◎ 冯梦龙纪念馆展厅，展示冯梦龙邮票

假使县令能力强，下属就像多长出来的第十一个指头，没有用；假使县令能力弱，什么事都要靠下属，那下属又有越俎代庖的嫌疑。做下属的如果才能出色，上级就怕自己相形见绌；部属要是无能，又怕反受下边的人扼制。要不是既有强的能力，又懂得小心谨慎的人，很少能做得有始有终。县官如果能从下属中发现一两个优异人才，给予引进、提拔，不要因为地方僻陋而忽略、遗漏人才，这或许也是激励下属奋发的一种办法。

冯梦龙还十分同情县学里的儒生们。当时，寿宁县的儒学生员不超过一百五十人，都散住在乡村，有的和师长一年才见一次面，所以不怎么融洽。到县学求学的谢师礼，未免也要打白条。县学教官生活清苦“仅饱苜蓿”“抱膝高吟”。有的人家乡路远，家庭人口又多，连回家的行装都没法备办。他为这些儒生们呼吁：“若夫毛颖自脱，冀破资格，虽存乎其人，噫亦难矣哉！”希望上级能打破资格的限制，将他们选拔到相应的岗位。

三、改革“迎新送旧”制度

当时，让寿宁民众不堪重负的，除了大造黄册就是迎新送旧。明朝惯例，每任县令离任或到任，送迎之人均需公费接待。一些官僚十分讲究排场，不管是到任或离任，为他们抬轿、挑担的人多则百余人，最少也有数十名。而在本县境内按例必须备好饭菜接应，各差役认为反正花的是公款，争相索吃酒食，没有个满足的时候。这些费用都由见年里役负担。乡图不善于应承这些官差，也会有承包人来操办。这些承包人免不了要用一开二或开三四。而且，这类费用要一下子整笔拿出来，官府一时凑不齐，都是先向县里乡绅家借贷，还要加上利钱，一来二去，等到把钱收齐还贷的时候，要还的钱已经比原先加了一倍了。

更奇怪的是，每换一个县官，衙门就要重修一次。新官到任，县衙里所要置备的床铺、屏风、柜子、桌子之类，都由承包人抬高价格向百姓征收。到县官离任时，这些家具往往胡乱拿去赏人，甚至县衙房子的窗槅也被衙门人拆走，又得累及新的坊里重新修缮备办，跟以前一样额外摊派。如崇祯七年，尹知县去任，罗、何二位照磨连换着代为署理县务，到八月冯梦龙到任，三送三迎，都在一年之内。所花费用数目不小，都摊到图民身上。到冯梦龙撰写《寿宁待志》时，还有因未能还清这些宦债而打官司的状子不断地递进衙门。有的图民就是典当老婆卖掉儿子也没法还清这些费用。为减轻百姓负担，冯梦龙下决心进行改革，采取了一些措施：

1.造细户花册。

首先，冯梦龙下令，责成全县二十二图各甲人户，依照家册造成细册，如果有应当除去或应当征收的，随时改定。到下一轮大造黄册时，只要审定人口，不必查家产。造细册，效果还是明显的，“拖欠者难隐”，保家自愿承担责任，而雇用的经办人、上报的殷实户都比较得当；二是税银上解的运费按石平均补贴，不让代解的人私自摊

◎ 冯梦龙在寿宁之革除弊政（吴华光绘）

派；三是驿站和午休用饭的费用全部革除，那些跟随的人就无法放纵自己的贪欲。

2.主张固定官员迎送费用的标准。

鉴于迎送花费巨大，有被居心不良者可钻之机，冯梦龙主张固定官员迎送费用的标准。即先斟酌敲定新任县官应给路费若干，离任县官应给路费若干，规定为固定标准，在全县范围内平均摊派，把钱送交县官本人自行安排、办理，除此之外，不许再索取一分一毫。这样在官员本人，因为费用由自己经手，一定会裁减那些不必要的花费，而把费用在全县平均摊派，人多，平均负担轻，费用就容易筹集，而不让那些差役或承包人染指。冯梦龙在《寿宁待志》里写道，他打算在离任时造一本清册，申报道、府，再向衙官移交清楚。前任官留下来的设备，就可以满足后任官员使用，稍有不够，补办就不会花太多的钱。他知道自己人轻言微，只能自律，他希望上级官府能颁发成文规定，刻在石上作为定规，以便每一任的官员永远遵守。虽然，他的这些条陈不是石沉大海就是被驳回，但冯梦龙“一念为民之心”，重视民生的精神和韧性可见一斑。

四、巧治滑吏

冯梦龙深知治吏要先知吏，他了解到“县书吏无工于书算者”“性可复懒”，但“机械未深，稍有奸欺，破絜立见”，每次大造黄册，都是这些人贪腐的机会，书吏时常作弊，留下无穷祸患。为防止吏胥偷懒，冯梦龙利用衙门右边三间侧室，遇到有紧要的册籍要办，他就把办文书的书吏锁在那几间屋子里，饮食也都在屋里，事情办完了，才放他们出来。他还采取措施，防止吏胥佐贰胡作非为，扰民肥己。

冯梦龙十分痛恨假“升科”，认为当时的寿宁县不可能发生这种好事：“建郡石国也，水无涓滴不为用，山任崔嵬也要耕，诗人昔已道之矣。况区区寿邑，尤嵚岩逼窄之区乎！沙浮土浅，梯石而耕，连雨则漂，连晴则涸，但有抛荒，宁留余地？”并提出要加以改革。但因改革断了官吏升官之路，一些滑吏不断制造麻烦，使小动作，冯梦龙“不得已听之”。

冯梦龙反对奢侈浪费。《寿宁待志》记载，寿宁人过节很简单，甚至不知道冬至日这个节气，唯有地方士绅和县学的人士到县署贺节，县署要预备“头脑酒”当茶接待他们。每年年头正月也办“头脑酒”，县里六房书吏，下到皂吏，放开肚皮大喝，喝得酩酊大醉。花的钱由县库办事人员在专款扣算，每次费用大约要一两五钱银子。这让冯梦龙很是心疼，质问这一惯例是起源于什么时候。

五、主张权责统一

寿宁山高路险，官员到建宁府述职、开会、官方往来的信函都是通过官道的正道通往政和，其间要经过寿宁境内六个铺（总铺、叶洋、芹洋、尤溪、平溪、南溪）和政和境内九个铺。一路山道崎岖，往来异常艰辛。寿宁建县时，是析四周接壤的几个邻县的交接地带建成的，在很长的一段时间里，县与县之间的地带成为三不管地带，出现了管理的空白点，引发了许多权责难分的问题。如泗洲桥在政和里七都，是通往政和、宁德、古田三县的总途。这里同宁德只隔一道山，同政和边界相连，离古田只有二十里。这样，这里就成为顽民刁民聚集的地方，不是当劫匪，就是做窝主，参与人员众多且根深蒂固，有关官员知道了也不敢过问，不敢追究。如泗洲桥的顽徒陈伯进，就是与相接壤的一些窝点相互勾结，互相支援，一呼百应，眼里根本没有官府，欠粮拒捕，无恶不作。

冯梦龙于是上书请示，要求按例增设一名候缺巡简，驻扎七都，一切征收欠税、拘提人犯等都责成他办理，并限制这名巡简的“四不”权限：不能受理诉讼、不能擅自做决定、不要轻慢官场体制、不要制造纠纷。冯梦龙的这次上书得到了上级的批准。冯梦龙就着手在泗洲桥公馆边加建一进房屋，作为巡简衙门。做完这件事，冯梦龙满心欢喜，他憧憬着这里的状况会有一个良好的改观。

政和境内九个铺是往建宁府的必由之路。这九个铺没有经办其他县的事务，是专门为寿宁县传递文书而设立的。政和方面认为这九铺同他们没有关系，不加以稽查考察，而寿宁又觉得这九铺不是自己所管辖的，不便过严地要求他们。因此，这里的铺递便任意耽搁，使得一些公函往往因为超过期限被前站退回。寿宁方面没办法，只能重换重封。在冯梦龙任职的时间里，这种耽搁推诿情况不下数十次。同时，新坑口到东峰一路，非常险峻，除寿宁县外，这段路没有别的官府来往。冯梦龙在《寿宁待志》中记载，他每次去建宁府，都预先行牌晓示各铺，叫他们铲除野草，清理路径，可他们全然不予理睬。一碰到雨天，走在这段路上，前行寸步就像登天一样难，但是也无可奈何。各铺敢于藐视寿宁知县，就是他们的钱粮是在政和支领而不是由寿宁县支领的缘故。冯梦龙于是向司上条陈，铺既然是专为寿宁县设置的，那么，发放工食银的权柄食银也应当由寿宁县掌握。并在条陈中提出要用等价的其他工食银项目同政和兑换，除县前一铺工食银仍由政和支给外，其余八铺工食银归寿宁支给。这样，寿宁县可以考察他们的勤惰，而各铺想到工食银的来源，过去种种怠慢迟误的故态，就可以改变，这有大益于寿宁，又无损于政和。冯梦龙的这个条陈得到了上级允准，但是钱粮的兑换还没定议。他诚恳地希望政和县有高明、和睦同心的知县来共同促成这件事。

六、带头捐俸，惠及民生

明代官俸微薄，一个正七品知县一年的工资是90石粮食，由于粮食常常短缺，还不能完全发粮食，只能发12石粮食、27两银子和360贯钞，晚明纸币贬值，360贯钞票连1石大米都买不到，基本可以忽略不计。赶上运气不好，银子也被折合成胡椒之类的东西，需要官员自己拿到市场上卖掉。例如，明代一个名叫曾秉正的正三品通政使，卸任的时候，连回家的路费都掏不起，把自己的四岁女儿卖掉才凑齐路费。而最可怕的是，这个标准是朱元璋定下的

“祖制”，二百多年过去了，不管物价怎么涨，工资还是纹丝不动。正统六年，监察御史曹泰上了一个奏折，分析了官员合法收支情况，指出工资根本不够官员养家糊口，希望“量为增益，俾足养廉。其仍贪污冒法者置之重典，则贪风息矣”。洋洋洒洒几千字，希望朝廷提高官员的工资。结果，朝廷就批了三个字：“遵祖制。”这就造成了明代清廉自守的官员生活非常困难。有的官员为了自己的私利，千方百计搞“擦边球”的隐形收入，导致了“常例钱”等官场陋规盛行，明政府也只是睁一只眼闭一只眼，这就恶化了官场生态。所谓“常例钱”指按惯例送的钱，是旧时官员、吏役向人勒索的名目之一。“常例钱”，宋代官场已有，元代亦十分盛行，而明代更是不让前元。上至中央官员下到地方官吏，索要“常例钱”可谓是无孔不入。地方长官身处基层，直接与百姓来往，谋利空间很大，他们巧设名目，贪拿贪取。在这样的污浊环境之中，冯梦龙谨守清廉本质，不但不打擦边球，还时常拿出自己的收入，捐助县里实施一些民生项目。《寿宁待志》就记载了冯梦龙在重修四城门谯楼、修学宫、除虎、禁溺女、禁巫捐药、种树等较大项目上的捐俸。

◎ 冯梦龙在寿宁之捐俸捕虎（吴华光绘）

需要说明的是，明代官员俸禄那么低，冯梦龙哪来的钱捐赠呢？这与冯梦龙的出版刻书事业有关。在中国出版史上，冯梦龙占有重要地位。他搜集、整理、编刊了数量至少在三十种以上的小说、戏曲、民歌、笑话等通俗类作品，拓展了中国刻书业的刊刻领域，表现出了关注现实、关注民众需要、与时俱进的精神品格。从青年时候起，直到去世，五十多年的岁月中，冯梦龙一直在从事编刊书籍的工作。明代经济、社会生活和哲学思想都发生了一些变化，过去为文人学士所不齿的小说、戏曲与民歌成为他们所喜爱的东西。书坊主们便大量刊行这类书籍，还出现了专刻小说戏曲的书坊，如南京的周日校万卷楼、唐氏富春堂等。当时，以重价购买刻书稿的做法也较为普遍，特别在冯梦龙的家乡苏州已蔚然成风。如金阊书林舒载阳刊刻的《封神演义》有识语云：“此集乃某先生考订批评秘册，余不惜重赀购求锓行。”

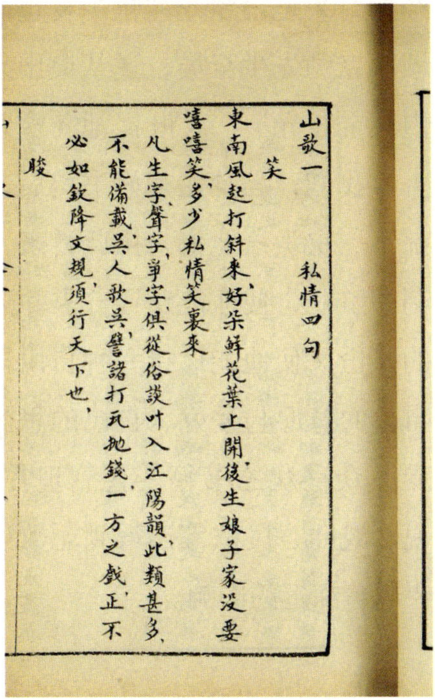
山歌一　私情四句
笑
東南風起打斜來，好朵鮮花葉上開，後生娘子家没要
嘻嘻笑，多少私情笑裏來
凡生字、聲字、爭字，俱從俗談叶入江陽韻，此類甚多，
不能備載。吴人歌吴，譬諸打瓦抛錢，一方之戲，正不
必如欽降文規，須行天下也，
睃

◎ 冯梦龙《山歌》（旧钞本）

冯梦龙博览群书、

爱好广泛、能书善画，词赋、戏曲、小说、诗歌、民歌，样样拿手，是一个全能型作家，具有极高的文学修养。同时，他还是一位与时俱进的文人。于传统，他是儒家的忠实信徒，背经书，上科考，坚定不移；于时尚，他编著时下流行的小说、民歌、戏曲，乐此不疲。对于刻印出版书籍，冯梦龙也是带着极高的热情。苏州书林叶昆池说《麟经指月》是冯梦龙“帐中秘也。本坊恳请刊行未允。适麻城耿克励先生至吴，遂从臾出之，在本坊如获拱壁，愿海内共宝夜光”。（叶昆池《麟经指月·识语》）这番记述告诉我们，冯梦龙写好书稿后，就有书坊主登门求索，他都不一定卖给他们。由此看来，冯梦龙以作者的身份从事刻书事业，使他能赚钱养家，还有余力做一些善事。这样的身份又使他能保持一种自由自在的个性和心态，能按照自己的意愿与爱好、自己的思想倾向，编出较高水平、深受民众喜欢的书籍。直到现在，由他编辑刊印的通俗小说、戏曲、民歌等还得到无数读者的喜爱，在中国乃至世界起着深远的影响。

第三章 明断讼案

导言

知县作为一县的司法长官，担负着本辖区内的治安和刑狱事件管理。案件的审判能力对知县而言是一项具体的要求，也是知县必须掌握的基本能力。冯梦龙对于官吏的自身能力提出过明确的要求，认为“吏治其最显者，‘得情’而天下无冤民，‘诘奸’而天下无戮民”，讲的就是具体的断案解讼能力。冯梦龙亲力亲为，及时清理案例，公正处理诉讼，辨明冤枉官司，深得百姓爱戴。无论是审断姜廷盛诬告案、断牛案，还是智擒陈伯进，冯梦龙都能够躬身前往，实地勘察，从而做到明辨是非、为民洗冤。

宁人好讼　狱讼无情

寿宁处南荒之地，山峰险峻，开发较晚。生活在这样的自然环境中，人也受到自然气象的影响，所以山里人往往性情强悍而气量狭小，即使为了一些细微的利益，哪怕是骨肉至亲，也至死都不肯相让。好讼、争讼事件频繁发生，动不动就舞刀弄枪，打得头破血流。许多人不知法律，凭着一股气，以强欺弱，以众暴寡，长此以往，大家习惯了，反认为本应如此。那些人丁兴旺的人家，人们都不敢正视他们。亲戚、佣人、佃户，号称为“家丁”，一遇上争斗的事件，各自为自己的同党，只要有一个人喊一声，就纠集一群人，只图眼前一时快意，逆理犯上。稍不如意，就告个天翻地覆。不管有理没理，告状一定要赢。争讼范围极为广泛，内容涉及社会、经济、思想、文化等各个领域，举凡地土山林、婚姻继子、风水墓地、主佃关系等，无不都在争讼之列。又由于宗族势力、地主、商人、佃户，甚至赌徒、无赖等社会各色人等的参与和卷入，使得争讼的内容和表现更加复杂，争讼的处理程序与结果也更加离奇，由于处理不当，有的争讼还演变为宗族间、村与村之间的争讼，有的争讼还演变为械斗，破坏了社会的稳定发展。同时，县城里还有的人专门以生意经纪、职业介绍、做媒当保、代打官司等为职业。诉讼双方若不找保人，即使拘拿也不听。保人各为其主，不亚于自己打官司。如果双方愿意息讼，也得由双方保人办理，这样往往出现兜揽、侵越等等弊端。“宁人好讼”成为寿邑一个颇为不良的民风。

由于教育落后，寿宁文盲很多，双方买卖契约的订立很是随便，拿了方寸大的纸，在上面涂上几笔，即为契约，过后纷争时拿出来，漏洞百出，争扰不休，让官府难以定夺。于是，官司便一代代打下去，双方精疲力尽，官府则不堪其扰。还有的刁民伪造契约，妄想侵占别人财物，此类案件也不在少数。寿宁田少地贫，有的人只好举家搬到苎山，家乡的房子就让它空着。出去久了，一二十年不回来，房子就被旁人盗卖、侵占。等到房子原主人回来，就会发生争吵、告官。这样的案件多而难断，让历任知县深感头疼。

冯梦龙到寿宁时，法度松弛，地方黑恶势力膨胀，陈年案宗堆积如山。一些地方强势力横行乡里，欺压百姓，巧立名目，向当地百姓大肆敛财。面对一个个“土皇帝”，百姓是敢怒不敢言。七都泗洲桥的陈伯进、青竹岭的姜廷盛等都是民愤极大的地方“强龙”。深入了解情况后，冯梦龙下决心整肃纲纪，还一方安宁。

◎ 冯梦龙在寿宁之除暴安良（吴华光绘）

“得情”“诘奸”，明断讼案

县令作为中国封建时代县级行政区划的最高长官，掌握着所管辖区域内的行政、司法、审判、赋税、劳役等权力。其中案件的审判能力是对县令非常高而具体的一项要求，也是知县必须掌握的基本能力。某种意义上，一个知县能否有政绩，取得民心，很大程度上就看他的这一能力发挥得如何。中国古代地方司法制度，行政和司法合一，地方行政的首长，也是司法的首长。《明史·职官志》称：“知县掌一县之政。凡赋役，岁会实征，十年造黄册，以丁产为差。赋有金谷、布帛及诸货物之赋，役有力役、雇役、借请不时之役……岁歉则请于府若省蠲免之。”县令要管的事情多如牛毛，这也十分挑战县令的综合管理能力。

《大明律》规定，“凡军民词讼，皆须自下而上陈告”。作为明代最基层实体政权的县级政权承担了基层审判的责任。明代县的职官包括知县、县丞、主簿、典史、教谕、训导等。知县为掌印官，是一县之长。他的重要职责之一就是“听狱讼”。老百姓把明察秋毫、为民伸冤的知县官称为“青天老爷”，在他们心里，自己的命运就掌握在知县手上。因此，能否公平、公正地听讼，理讼，成为一个知县能否得民心的衡量标准之一。

冯梦龙对于官吏的自身能力有较高的要求，认为“吏治其最显者，‘得情’而天下无冤民，‘诘奸’而天下无

◎ 苏州冯梦龙纪念馆和冯梦龙书院

戮民”（《智囊·察智部》总序）冯梦龙认为，官吏了解实情则天下没有被冤枉的百姓，究办奸盗则天下没有（无辜）受刑的人，这才是明察智慧的善用。冯梦龙在《喻世明言》第二卷《陈御史巧勘金钗钿》中表现出了对“县尹相公”和正文中陈御史的断案能力的钦佩。《智囊》还收集了许多断案解讼的故事，冯梦龙一再表示对“化有事为无事，化大事为小事，祈于为朝廷安民”作法的认同。

冯梦龙收集整理这些故事，不是简单地纸上谈兵，而是能用于实践中。在四年的寿宁知县任上，冯梦龙采取了一系列举措以实现其“无讼”的理想。

一、主张增设县级仵作

寿宁的狱讼“最简也最无情”（《寿宁待志》卷上《狱讼》）。监狱中虽然多年都没有出现死刑犯，但小打小吵的讼案却接连不断，令人难以决断。寿宁的讼案中最多的还是有关财产之类的争夺，争夺的东西、手段令人哭笑不得。有人卖出东西后还振振有词地诬告他人白占的；有的人将百年前的古契约视为至宝并拿出来诉，甚至有伪造契约来敲诈他人的。

寿宁县衙没有自己的仵作，所以遇到大案、要案往往要向其他地方借调。仵作也就是现在的法医。中国仵作出现于战国后期。隋唐时期，“仵作”一词已出现，宋代这种类似现代法医专业的吏役，正式被称为“仵作”或“行人”，又称为“团头”，同行还有“坐婆”“稳婆”等。南宋的宋慈编撰《洗冤集录》，颁行全国，成为宋朝以降历代刑狱官办案必备的参考书籍。元明时期，仵作成为正式检验鉴定的吏役，但是，县一级派设仵作却要到清代中期，在明朝，像寿宁这样的偏远山县，根本不可能正式派仵作。因此，寿宁一旦需要要案尸检，往往要到松溪、浦城请借仵作。这些外借的仵作携技傲物，自视了得，来了以后除了要县衙提供安家路费、供给食宿外，到县后还必须供应钱物，事情办完了还要赏钱慰劳，这些费用都要犯人家属筹办。有的仵作还向犯人敲诈勒索，如果犯案人家肯出钱就为其作伪证，不但阻碍了案件侦破的进度，还造成了许多冤假错案。老百姓受不了他们的欺诈，即使出了人命，多数人也宁愿请求免检息讼。所以，冯梦龙要求上级必须安排一项工食银，特招仵作一名，在县里听候使用。

二、亲自调查，巧断疑案

在明朝，一个县除了设有知县一人（正七品）外，一般情况下还设有县丞一人（正八品），主簿一人（正九品）等。他们的职责主要是“分掌粮马、巡捕之事”（《明史·职官》），辅助知县办公，是知县的得力助手。但是，由于寿宁偏远落后，是个小县，朝廷并未派“县丞”和“主簿”官员。在《寿宁待志》卷下《官司》中我们发现，除了记录有“知县”“教谕”“训导”“典史”“渔溪司巡简”外，并没有县丞和主簿的名单。查找有关清代康熙《寿宁县志》等史料，发现寿宁除了设县之初至明弘治间设有此两职外，到弘治十二年，寿宁县民吴泽向上级奏报，寿宁为小邑，要办理的事情小而简，希望合并有关事务，对有关官职进行裁减。得到上级同意，裁撤了县丞、主簿，此后都没有设县丞、主簿两职。这样县丞、主簿处理的事情都要知县一人主持，像案件的审理也要亲力亲为才行。而出乎意料的是，像冯梦龙这样一介儒生，一个貌似“百无一用”的秀才，断起案来却让人拍案称奇。在《寿宁待志》里记录了几件案子，充分展示了冯梦龙的理讼审案才能。

◎ 冯梦龙当年查案的三望洋村（张培基供图）

1. 巧断姜廷盛诬告案。

有一天，青竹岭人姜廷盛怒气冲冲地跑到县衙状告刘世童。声称与其弟征收粮食到三望洋，不想遇到刘世童，被他抢去粮食不说，还用刀砍伤了自己的弟弟。一起跟来的保家也在旁凿凿为证，待官差检验伤口，确定是刀伤，伤势也十分严重。随后，刘世童也赶到县衙大堂，辩说是姜廷盛自己砍伤其弟，欲嫁祸于他，从中行诈。对此冯梦龙仔细分析，认为按常理兄弟骨肉连筋，兄没有砍伤其弟的道理，况且白天行凶，又怎么能够骗得了人呢？但看姜廷盛蓬头垢面，而刘世童却衣冠整洁如常，且对答如流，并不像是打过架的样子。冯梦龙当场并没有做出判决，让手下先收押嫌犯。

第二天，冯梦龙以出外访友为名，出西门直奔三望洋查案。他遍询当地的父老儿童，没有一个不说是姜廷盛自己砍伤其弟的。还有人说，姜廷盛的亲姨当时在场，曾来劝解。冯梦龙便将其姨招来问询，她只说是误伤，却是姜廷盛所伤无疑。而小孩姜正传是姜廷盛的本家，目睹了事情的真相，也说是姜廷盛砍伤其弟的。冯梦龙通过进一步了解案情后才知道，原来姜廷盛以里役之事苛责刘世童，刘世童于是将姜告到县衙，姜廷盛怀恨在心，一直想打击报复。姜廷盛有个弟弟左手残废，作为哥哥的姜廷盛不顾及手足之情，厌恶弟弟吃白食不干活，时常虐待、殴打弟弟。这次打算带他一起去找刘世童斗殴，想等一交手就杀死其弟以此诬陷刘世童。偏偏刘世童不与之计较，姜廷盛恼羞成怒，正好身边的肉案上有把屠刀，就顺手拿起，向其弟扔去，砍到其弟弟的额头，其弟满脸流血。姜廷盛亦用血涂面，拉着他弟弟，将刘世童告到县衙。

此案审理清楚后，冯梦龙感慨不已："假使余不躬往或往而不密，必为信理所误矣。"（《寿宁待志》卷下

《狱讼》）确实，这件案子能够公正结案，靠的是冯梦龙的亲自探访，才了解到实情。否则只是依据姜廷盛和保家的一面之词，就可能断下冤案，使好人受冤，恶人逍遥。

2.智擒陈伯进。

陈伯进是七都泗洲桥人。明朝时，泗洲桥位于寿宁与政和的边界，为政和、宁德、古田三县的总道，归寿宁管辖。这里“民极顽，欠粮、拒捕、窝盗、贩盐，无所不至”。（《寿宁待志》卷下《都图》）陈伯进的父亲是讼师，因私自包揽讼事，致使家财破尽。陈伯进只好以唱“杨花”乞讨为生，往来于蟠溪、犀溪之间。后因与盗匪勾结，家道渐起，凭借他的三寸不烂之舌，鼓励游民，收罗恶徒，为非作歹，称霸一方。并与犀溪的顽徒朱仙堂狼狈为奸。陈伯进屡次杀人作案，都因为向有司行贿而脱罪，弄官府于股掌之中。冯梦龙在任时，对这些地方的黑恶势力向来是不留情的，他先后将当地有名的要犯黄茂十、范应龙缉拿归案，决心要铲除陈伯进势力，还地方以安定环境。于是，冯梦龙派官差前往泗洲桥捉拿陈伯进，但是陈伯进紧闭厚实的大门，还派人从楼窗上往下倒热开水，致使官差受伤而返。满城民众都在议论，冯老爷对付不了陈伯进，陈伯进更加骄狂起来。冯梦龙决定智捉陈伯进，几个月后，在经过充分准备之后，冯梦龙迎来了捉拿陈伯进的机会。他趁着去府里开会，敌人麻痹之时，在回来的路上，悄悄地派兵勇埋伏在陈宅外面，自己则假装服软到陈府给陈伯进送礼。进到陈家后，冯梦龙指挥手下，与陈伯进、朱仙堂两班人马进行了一场恶战。经过了一场恶战，将陈伯进、朱仙堂等人捉拿归案。当冯梦龙率领官兵押着陈伯进一行回到寿宁城关时，全城百姓莫不拍手叫好。

作为一个文人知县，不畏地方恶霸势力，表现出如此胆识和韬略，实属罕见。

3.护墓林案。

2008年8月，寿宁文史工作者在搜集考证《乡土寿宁》一书“礼制建筑”（祠堂）部分相关史料时，于犀溪乡西浦村，发现了一份冯梦龙在宦寿期间发布的民事判决文告手抄稿。该手抄稿记载在缪氏家族修于清嘉庆三年（1798）的《缪氏大宗谱》中。此文告题为《县主冯告示》，誊写于宗谱之上，前有“抄录”二字。虽非冯梦龙真迹，但史料价值也异常珍贵，特录于此：

建宁府寿宁县正堂冯，为祷天敕示以肃宪禁事：据本县人缪文诗、缪正格、缪文化、缪正勋、缪正用等连签呈，称缘有始祖缪仁红肇基上村门楼底，历世祖坟大嫩蛇。自宋元至皇明，流管三朝，计年数百。红六世孙缪蟾登绍定己丑秋元王朴榜特奏名，诗等一脑，向承传扫至今，无异晋箓。枫、樟、大杉围木旧遭邻豪希图混争，已蒙分守带管兵巡。

建南道　费

并蒙　本府正堂

冯　本县正堂

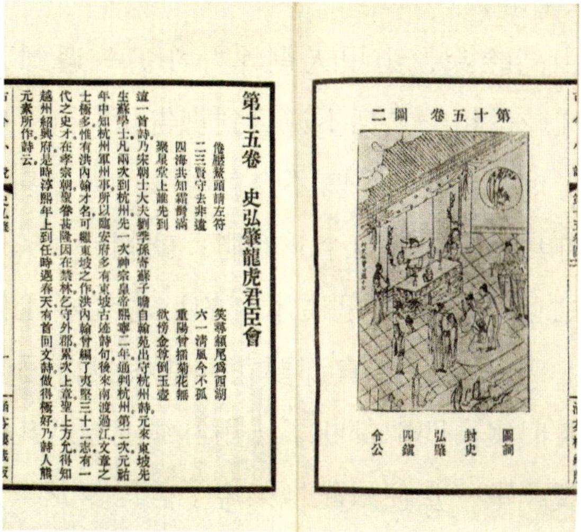
第十五卷　史弘肇龍虎君臣會

倦壓鰲頭請左符　笑尋頳尾爲西湖
二三賢守去非遠　六一清風今不孤
四海共知霜鬢滿　重陽曾插菊花無
聚星堂上誰先到　欲傍金尊倒玉壺

這一首詩。乃宋朝士大夫劉季孫寄蘇子瞻自翰苑出守杭州詩。元來東坡先生蘇學士。凡兩次到杭州。先一次神宗皇帝熙寧二年。通判杭州。第二次元祐年中知杭州軍州事。所以臨安府多有東坡古迹詩句。後來南渡過江。文章之士極多。惟有洪內翰才名可繼東坡之作。洪內翰曾編了夷堅三十二志。有一代之史才。在孝宗朝製誥。眷甚隆。因在禁林。乞守外郡。累次上章。聖上方允。得知越州紹興府。是時淳熙年上到任。時遇春天。有首回文詩。做得極好。乃詩人熊元素所作。詩云。

◎（明）冯梦龙《全像古今小说》（民国三十六年涵芬楼影印本）

这是一份审判缪氏祖坟围木归属权的文告。缪氏祖坟位于犀溪村大嫩蛇山，当时为了围木归属权问题曾与附近乡民发生纠纷，对方意欲砍伐墓边的枫、樟、杉等围木占为己有。缪氏后裔缪文诗等人联名将对方告上官府。经县、府、道三级衙门审理，县令冯梦龙于崇祯九年（1636）六月三日发布了这份判决文告，终于平息了这场祖坟林木纠纷。缪氏后裔以胜诉为荣，遂将此文告录于本族谱牒，使之得以保存。此案的判决，保护了珍贵的林木，也再一次彰显了冯梦龙断案的公正和智慧。

4.巧换案桌。

寿宁山高岭深，山里人剽悍好斗。一遇到芝麻大点的事便脸红脖子粗，二话不说，到官告状。到了官衙，却又不晓得听审、判决，一言不合就咆哮公堂，甚至公然在公堂上大打其手。为壮自个儿的胆，就朝县太爷的公案一拳打将下去。尽管案桌是硬木打的，也经不住你砸我擂啊。因此，几乎每任县官都要花钱造案桌。冯梦龙到任时，见一条旧案桌四腿都断了，用麻绳七缠八扎的，桌面龟甲样开裂，审一堂便只配当柴烧了。冯梦龙认为公案代表的是官府的脸面和威严，而公堂上又不能将这些告状人的手绑起来。思量后，冯梦龙悄悄叫来一个老师傅，“乒乓乒乓”数日，正堂上换上了一条新案桌。这一日，三望洋村有两家田里争水，又闹上公堂。两边都想先声夺人，三句话没完便捋袖揎拳，拉拉扯扯到公堂前，想擂砸公案以助自家声威。他们狠命地挥拳砸在公案上，可立即跳将起来，然后又虾子一样弯在地上，鼓着腮帮直往手上吹。十指痛连心，他们咧嘴干呴，疼得七荤八素。冯大人这才端然正坐，一声断喝，两边衙役就把他们扯下公堂，先就他们“目无尊长”咆哮公堂罪，打了几十大板，再叫他们一一从头说来，然后从容予以调解，等两边没话可说了便开释。从此，再也没有出现擂公案之人了。木案、石案之间，仅是材质发生了变化，但树立起来却是公堂的规矩和法度的尊严，又一次彰显了冯梦龙理讼断案的能力。

5.智断鸡案。

有一天，际头村有个老农抓了只大芦花鸡进城叫卖。他想将鸡卖了，换些油、盐回家过日子。因满街人挤人，摊子挨摊子，实在插足不下，他只好把芦花鸡放在一家米行的台阶上卖。一不留神，缚鸡的稻草被挣断了，芦花鸡拍着翅膀，“咯咯”叫着乱跑。老农手脚不灵，追东赶西就是抓不住，急得满头大汗。芦花鸡一跑跑进米行柜台里面，米行老板猛一扑，抓住了鸡。他掂了掂芦花鸡，眉开眼笑了。老农见老板动手帮自己抓鸡，忙赔上笑脸，嘴里不停称谢，伸手想去接鸡。谁料米行老板用长烟筒把他手一拨，顺手抓起一条细麻绳在鸡脚上绾了绾，慢慢儿绑起来。老农一看，忙作揖，口里说："难为老板费心。我自己来绑，自己来绑。"老板却一转脖子，朝店后吆喝："快烧汤！我要宰鸡下酒咧。"老农吓一跳。一只鸡，富人家不够塞牙缝，对一户穷人家却是半年的油盐费啊。他缓过劲来，喊道："鸡是我的嘛。"老板拉长了脸，冷冷地说："鸡是你的？你叫得它应吗？你鼻头尖挂得住吗？乡巴佬有鸡，城里人就没鸡啦？"老农一时语塞。老板就把鸡递给小伙计。老农一边分辩，一边上来抢鸡。老板直叫："乡巴佬白日进店打劫啦！"米行众伙计一拥而上，又是打又是骂，横拖竖拽，把老农丢街中间。倒在街上的老农想到自己亲手喂大的芦花鸡，老伴久病体衰还舍不得吃，现在却被人夺去了，而且自己竟被诬为打劫贼，他忍不住老泪纵横，泣不成声。

忽然满街人叫喊："冯大人来啦！"老农早就听说

冯大人爱民如子，便壮着胆拦轿告状。冯知县听了他的哭诉，命皂役传来米行老板，让他把鸡先交给皂役看管。冯大人问米行老板：“你的鸡吃什么？”“吃的全是谷米。”冯大人转问老农，老农应答：“小人今早才喂的糠和菜叶。”冯大人当即叫皂役把鸡宰了，割开鸡嗉子验看，嗉子里全是粗糠和菜叶。冯大人把鸡交给了老农，当街训斥米行老板为富不仁，打了他二十大板，并令他赔偿鸡价。大街上一片叫好声。可笑米行老板讹鸡不成，反蚀一把米不说，还当众丢脸，落下一个笑柄。满街人无不称赞冯大人断案如神，智慧过人。

在这个小案件的审断过程，我们不仅看到了冯梦龙的断案技巧，更重要的是我们看到了冯梦龙“一念为民”的拳拳之心。

三、恢复“旌善亭”与“申明亭”制度，劝诫教化

《寿宁待志》卷下《劝诫》说道“磨世砥俗，必章劝诫”，表明了冯梦龙对教化劝诫的重视。在《寿宁待志》中除了记录“先达”“孝子”“节妇”“乡宾”“耆民”“旌善亭”中的忠孝节义之人外，还记录了修建“申

明亭”，标明犯人的姓名及其劣迹以儆效尤。

朱元璋建朝之初就要求各府、州、县及乡之里社建立“旌善亭”与“申明亭”制度，即各地每个角落每个乡村都要建两个“亭子”：一个叫“旌善亭”，一个叫“申明亭”。旌善亭是专门用来表扬村里所发生的好人好事，即所谓“善人义举”，主要是由乡村的“老者”负责，将那些好人好事和大明礼部选录的循官良吏比较突出的事迹都摹写在亭中，鼓励人们积极向善。而“申明亭”正好相反，它要求村里的“老者”将乡村中所发生的“坏人坏事”和刑部选录的全国各地官吏违法犯罪影响比较大的事情以及国家相关法规都摹写在亭中，以警示人们要遵纪

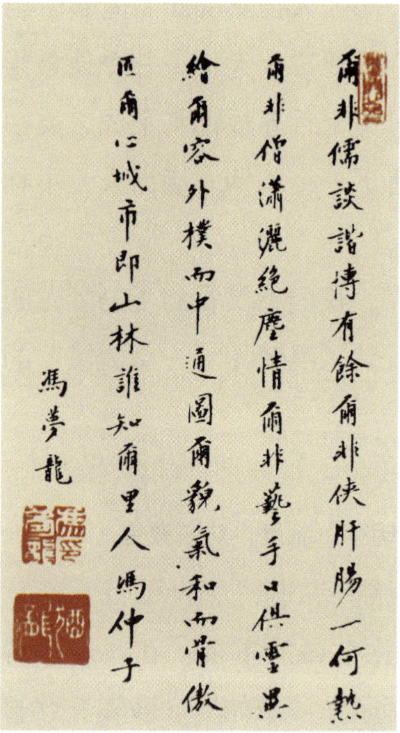

◎ 冯梦龙手迹

守法，不要重蹈覆辙。由此，可以看出“申明亭”作用有三：一是记恶，二是揭恶，三是读律。当然，在实际操作过程中，“申明亭”还是一个处理村里民事纠纷和轻微刑事的场所，“若户婚、田宅、斗殴者，则（耆老）会里胥决之”。这就是说，民间发生了田产纠纷、订了婚的姑娘不嫁了（赖婚）、有人小偷小摸、有人恶语骂人、有媳妇不孝公婆、有人毁土地庙或偷了庙里的东西等等，凡是此类民事纠纷和轻微刑事案件，都由村中德高望重者会同里长等一起出来予以仲裁和处理。对于轻微犯罪的就要加以体罚，“老者”一般有权用荆条或竹条对案犯进行抽打，但村里不许设监狱。有些案子审起来挺费时的，那就白天审，夜晚将案犯放回去，第二天接着再审。但这类刑事审案只适应于轻微犯罪，就地审案，教育意义可能更深远。而对严重的刑事犯罪就不适用了，一般都要由县级官衙来处理。

冯梦龙很看重“旌善亭”与“申明亭”的作用，认为这在处理那些有伤天伦、王法的案件方面，采取这种措施是很必要的。首先，他发现，原有“旌善亭”上的名字没有万历二十年以后的人，说明“旌善亭”已废弃很久了，善良教化的风气因而得不到宣扬。他便认真筛选，将一些有善行的人名字写在《寿宁待志》里，以示表彰。二是恢复荒废已久的“申明亭”。到任的第一年就兴师动众地把一个名叫符丰的人的劣迹详刻在申明亭上。此人仇视自己的宗族，向上级告状，各级衙门都告了个遍，告状时还更改自己名字，假冒籍贯，诬陷别人杀人、做强盗，胡乱诬告，弄得一片乌烟瘴气。在冯梦龙看来，境内还有比符丰更坏的人，如陈伯进等，他希望通过“申明亭”对这些人的劣迹进行昭告，能对凶悍的民风起一定的纠正作用。

第四章

革除陋习

导言

明朝的中国有1100多个县，贫富不均，情况复杂。当一个县官细察辖区时，他可以发现很多难以置信的事实。这时候就要依靠县官个人的道德准则与律法手段并行，去维护属地的统治。冯梦龙在寿宁任内，在维持寿宁社会安定和关注民生的基础上，他处处留心风化，对于寿宁境内存在的许多陋俗进行了不遗余力的纠正，有意识地对醇化风俗做了许多的工作。他禁溺女婴、力革“俗信巫不信医”旧俗，达到了明显的社会效果。

信巫“打罡”　溺婴成习

寿宁多为土著居民，又因地处闽浙边界，曾一度受到楚文化的熏染，所以崇尚巫术、敬畏鬼神的风气也非常浓烈。民众每病必招来巫师迎神祛病，邻里则竞相以锣鼓、帮叫相助，这种活动称为“打尪”，也叫“驱祟”，人们企图利用某种仪式，通过巫师与神灵取得联系，借助神灵的力量消除疾病的困扰。巫术是一种原始迷信活动，在古代是由专职的巫祝来执掌施行的。是古代生产力低下、人类无力对抗自然力的一种无奈。当人类无法摆脱生老病死的时候，就只好把希望寄托到不能触摸、缥缈的神灵鬼怪身上，以求得心理安慰。在中国古代，相当长的时间里，巫师、占卜师都是专职的，他们地位很高，在普通民众心里，巫师、巫祝就是神灵的代表，百姓深信不疑，言听计从。正是看准了民众的这种心理，巫师们凭借所谓的神灵，以神秘的咒语、符录来诓骗病患家属，从中获取财物。

降神、作法、巫术是由神术和法术构成的，二者亦往往结合在一起施行。掌握巫术的人称为巫祝，他们一般凭借所谓神灵，进行迷信活动，欺骗民众。《史记·扁鹊仓公列传》曰：“人之所病，病疾多；而医之所病，病道少。故病有六不治：骄恣不论于理，一不治也；轻身重财，二不治也；衣食不能适，三不治也；阴阳并藏气不定，四不治也；形羸不能服药，五不治也；信巫不信医，六不治也。有此一者，则重难治也。”用扁鹊的话说，有六种情况的病无法治，其中不信医生而信巫术迷信，病就无法治愈。

鲁迅在《中国小说史略》一书中指出：“中国本信巫，秦汉以来，神仙之说盛行，汉末又大畅巫风，而鬼道愈炽；会小乘佛教亦入中土，渐见流传，凡此，皆张皇鬼神，称道灵异，故自晋迄隋，特多见鬼神志怪之书。”中国古代，由于生产力低下、认识水平上的局限，生病求巫的习俗由来既久，再加上一些书籍中关于巫医治病如何灵验故事的渲染，巫术能治病的观念在人们头脑中于是根深蒂固。不少人对巫医深信不疑，对医药治病却持怀疑态度。错误地将疾病的产生归咎为鬼神致祟。巫医的欺骗和恐吓，也影响了人们对医、巫的选择，偏远落后地区的民众由于无处求医买药而就近求巫。民众的迷信使巫医有机可乘，他们假借神意，故弄玄虚，肆意骗取钱财，非但不以病人的生死为念，反而故意置病人于死地，以占人家产、夺人妻子。如此一来，对于患者，轻则贻误治病时机，重则一命呜呼。病人家庭赔了钱财不说，亲人的疾病也没有得到治疗，为此倾家荡产者亦多有之。信巫不信医之风还阻碍医学的发展，妨碍医药知识的普及。同时，败坏了社会风俗，影响了社会安定。

当时，寿宁人以信佛教、道教为主，据旧县志记载，全县有寺四座，庵四十四座，佛堂五处，对于一个小县邑来说，算是多了。本来，出家之人，不为名，不为利，四大皆空，但寺庵之内，有人却借信佛之名义，争权夺利，有的僧众甚至做出有伤风化的事。如，三峰寺有个别和尚放纵淫欲，腐化奢侈，骑马下乡讨地租，佃户煮猪肉设席请他，重金收买漂亮的妇女来讨好他。其他的寺庵也学样跟风，寺庙的风气每况愈下，乌烟瘴气。有的僧众还与巫师勾搭，一唱一和，欺骗百姓，谋取财富。

“皆餍酒肉于病家，不打尪则邻人寂寞，辄谤为薄。当打尪时，或举家竟观，病人骨冷而犹未知者。”（《寿宁待志·风俗》）巫之害人匪浅。冯梦龙将此陋习与吴中地区医药发达的状况相类比，深切地感到寿宁此风必须狠刹。苏州地区当时的医疗卫生水平已领先全国，吴门医派崛起于江南，吴中一些医学世家世代在皇宫担任御医。这种情形与医学落后的寿宁相比，有很大差距。而寿宁地处崇山峻岭之中，“峦气中人易病”，又有地方病流行，如麻风病。麻风病的传染特别可怕。即使是至亲的人，得了麻风病，亲人也将他看作仇人。贫穷山民孤立无援，得了麻风病，不但得不到人们的同情和援助，有的还没死就被活活烧死。

寿宁县还有一种陋习让冯梦龙深恶痛绝，那就是溺婴陋习。“溺婴”本是指父母或其他负有扶养义务的监护人及近亲，将初生的婴儿置于水中溺死的行为，后来泛指一切危害婴孩生命的行为，实施的手段也从最初的浸淹发展到有意识地以遗弃、饥饿、绞扼、窒息、毒害乃至使用致命性凶器等方式将婴孩杀死。施行这些恶行的“刽子手”不是那些凶神恶煞、十恶不赦的凶徒，而是弱小生命的血肉至亲。

在中国封建社会里，妇女的社会地位最为低下，所遭受的压迫最为深重。溺杀女婴的陋习就是广大妇女悲惨历史的一个缩影。溺杀女婴的陋习，早在先秦时期即已出现。据《韩非子·六反》篇记载，当时社会上“产男则相贺，产女则杀之”的现象相当普遍。古代社会歧视女婴、虐杀女婴的现象绵延不绝。战国末期，溺女之风更加兴盛。迨元明清时代，溺女更成为普遍之社会现象。据史料记载，就全国而言，有十多个省份存在“溺女”之风，在各省中，“福建较多，惟江西尤甚”，“闽人不喜多子，以杀为常”，福建地区曾“有一家连淹十余女者，有每村一岁中淹死至数十女者”，十分残忍。

明代，寿宁的溺婴陋习逐渐蔓延。究其缘由有二，一是寿宁以农业为主，且山高土贫，靠的是体力，需要劳动力，需要男丁，以保证一亩三分地耕作和收成。二是民间婚姻论财货造成妆奁昂贵“论婚以财，责备筐篚，鬻产妆奁，以致中人之家不敢举女”，这种风气对财货较为宽裕的“中产之家”都是莫大的累赘，何况是数量占绝对多数的贫户，故而“下户”和“贫者”只能依靠溺杀女婴来释负。寿宁溺女婴的方式非常残忍，即将刚生下来的女婴拿到灰楼里，在女婴的嘴里撒上一把草木灰，放置尿桶里，将其活活溺杀。

恩威并济　革除陋习

一、禁巫施药

1.严禁以巫代医，捐俸施药。

冯梦龙对巫医进行整治，张贴禁巫告示，杜绝巫师迎神的荒谬行径，使得巫医不敢明目张胆地行骗乡里。冯梦龙还首创捐俸施药。冯梦龙了解到很多穷人生病了，没钱买药，就拿出自己有限的俸禄，替病人买药治病。

2.计划为“癞疾”设立隔离区。

得了麻风病，十分可怕，先是肌肉麻木不仁，皮肤长红斑，继则肿胀无脓，后又蔓延全身肌肤，出现眉毛脱落等症状，而且这种病会传播、传染。针对传染病人多的情况，特别是“癞疾”病人被人嫌弃、抛弃的境况，冯梦龙计划择地建屋数间，建立隔离区，专门收治重症传染病患者。可惜，此计划以“钱粮无措”，经费无法落实而未及实施。

尽管冯梦龙的禁巫设想未能全部实现，但经过冯梦龙的各方努力，寿宁巫习渐息，虽然乡村此风仍不能尽革，但是，“人稍知就医”。尤其一些集镇的医疗卫生状况和风

◎ 冯梦龙在寿宁之禁巫施药（吴华光绘）

俗有了很大的改观。冯梦龙的首创之功，自不可没。

二、下令禁溺女，倡导男女平等

在得知寿宁溺女严重的情况后，冯梦龙即采取一系列措施以禁溺女之风：

1.设厉禁，出告示。

首先，以寿宁县正堂的名义向全县发出告示，即著名的《禁溺女告示》：

寿宁县正堂冯，为严禁淹女以惩薄俗事：访得寿民生女多不肯留养，即时淹死，或抛弃路途，不知是何缘故？是何心肠？一般十月怀胎，吃尽辛苦，不论男女，总是骨血，何忍淹弃？为父者你自想，若不收女，你妻从何而来？为母者你自想，若不收女，你身从何而活？况且生男未必孝顺，生女未必忤逆。若是有家的收养此女，何损家财？若是无家的收养此女，到八九岁过继人家，也值银数两，不曾负你怀抱之恩。如今好善的百姓，畜生还怕杀害，况且活活一条性命，置之死地，你心何安？今后各乡、各堡，但有生女不肯留养，欲行淹杀或抛弃者，许两邻举首，本县拿男子重责三十，枷号一月；首人赏银五钱。如容隐不报，他人举发，两邻同罪。或有他故，必不能留，该图呈明，许托别家有奶者抱养。其抱养之家，本县量给赏三钱，以旌其善。仍给照，养大之后，不许本生父母来认。每月朔望，乡头结状中并入“本乡并无淹女”等语。事关风俗，毋视泛常，须至示者。

这是一篇出自大通俗文学家之手的独特文告，语言近乎白话，明白晓畅，开创告示语言新文体。汉语自古以来就有文言文和白话文之分。文言文文法繁复，讲求用典对仗，用其写作的书籍典卷，普通百姓自然也难以理解。告示是官方的文告，通常采用官方的语言即文言文。所以，普通百姓看街市上的告示，通常要问旁人：“这告示上写的是啥？”另外，此告示条陈赏罚分明，刚柔相济。劝导层层递进，深入人心。

首先，以血缘亲情角度，劝告民众。“不论男女，总是骨血，何忍淹弃。”其二，从生命延续的角度，启发民众的认知，富有哲理性。“为父者你自想，若不收女，你妻从何而来？为母者你自想，若不收女，你身从何而活？”其三，以道德层面，教化民众。“况且生男未必孝顺，生女未忤逆。”其四，以经济利益的角度，劝告民众。“若是有家的收养此女，何损家财，若是无家的收养此女，到八九岁过继人家，也值银数两，不曾负你怀抱之恩。”其五，以慈悲仁爱的角度，劝导民众。“如今好善的百姓，畜生还怕杀害，况且活活一条性命，置之死地，你心何安？”

以上几个方面，用词温和，满怀温馨的劝导。接着冯梦龙语锋一转，语言变得严厉，赏罚条陈更是明白清晰。一罚生女淹杀者：重责三十，枷号一月；二罚隐而不报：两邻同罪；三罚抛弃女婴的父母：长大后不许其亲生父母相认。一赏首人：赏银五钱；二赏其抱养之家：本县量给赏三钱，以旌其善。

《禁溺女告示》的内容体现了古代禁溺的强化和明末民本思想的发展。溺女陋习的流行，造成许多社会问题，如进一步蔓延恶化，可能加剧男女失衡，户口凋残，劳力和兵源锐减，动摇统治根基。许多朝代的统治者和有识之士都认识到这一点。一是宋以后的统治阶级对此渐有认识，如南宋、明清都有下达禁溺女令，并加以法律解释“倘不遵禁令，仍有溺女者，许邻佑亲族人等首报，将溺女之人照故杀子孙律治罪”。其次是古代进步文人对这种

◎ 冯梦龙在寿宁之禁溺女婴（吴华光绘）

逆天悖理的惨事发出痛心疾首的呐喊。在明朝广泛流传着观音菩萨显化散发《戒溺女歌图》的故事，清代学者郑观应写了《劝戒溺女》，清代诗人施闰章也写了《戒溺女歌》。三是地方官的重视。在福建，宋时俞仲宽出任顺昌知县，作戒杀子文，劝其乡人，无得杀子。故生子多以“俞”为小字。朱熹之父朱松，出任政和县尉，制治有方，作《谕民戒溺女文》，以劝谕的方式，禁止当时民间溺女的风俗。近年来，还在永泰发现了清代的“奉宪永禁溺女碑”。到清代，福建各县有溺婴习俗的县都设有育婴堂、保婴局之类机构，其经费或由政府拨给，或由富商捐赠，一些西方教会也在福建各县设立了许多育婴堂。

但以地方官的名义，出告示禁溺女，让禁溺女成为一个地方行政作为，则是冯梦龙的创举。《禁溺女告示》作为地方政府的告示，在寿宁县人民生活和社会行为中，起着十分重要的教化风尚、安定秩序、统率舆论的作用。冯梦龙在禁溺女的措施中，不是单纯地“堵”，而是先“疏”先“导”，让家庭成员共同认识到女性的重要作用，提高女性的社会地位，较好缓解了当时生女家庭的矛盾，减少了许多民事案件的发生，起到了稳定家庭、维系人心的积极作用。

难能可贵的是冯梦龙还把告示条款的执行情况列入官员的考核中，每月朔望，乡头结状中并入“本乡无淹女”等语，事关风俗，毋视泛常。这样的举措，体现了冯梦龙的治理智慧，值得后人推崇和学习。

2.捐俸养女婴。

冯梦龙在《禁溺女告示》中，公布了第一要奖赏告发的人，二要奖赏抱养女婴之家，这是一笔很大的开支，县里无银可付。所以，冯梦龙又带头捐俸，鼓励民众抚养女婴。

3.肃整佛宇风气，采取宗教宽容政策。

面对一些庙宇腐败之风，冯梦龙下决心整治，但整治过程十分谨慎。一是维持寿宁庙宇现状。冯梦龙认为官府

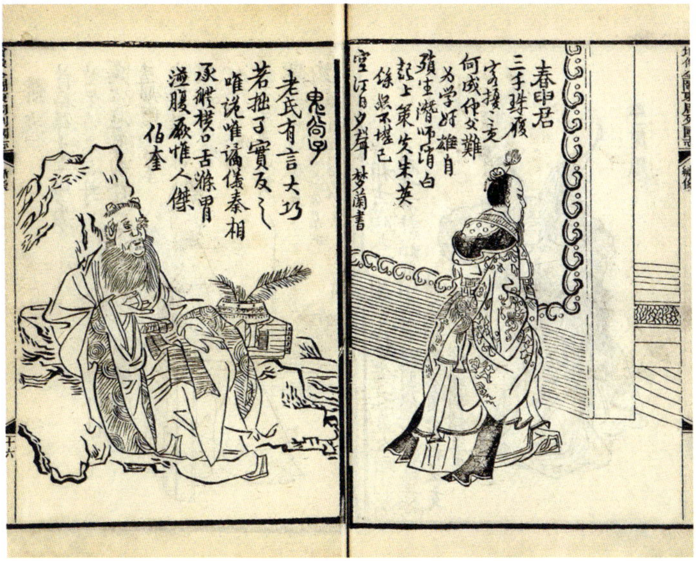

◎（明）冯梦龙《绣像东周列国志》（清光绪甲辰年〈1904〉有益堂刊本）

对寺庵应稍为给予爱惜、救济，使它能够长久存在，反对一味地没收寺庵田产。二是责罚、驱逐有些寺庵内道德败坏的僧侣，另选品德好的僧人代替。三是关注信众的精神寄托、僧侣的生存问题。对灵峰寺、天池庵、三峰寺、小东寺等这些佛门净土，希望能保持元气，不至于废弃，让僧尼生活有着落，让百姓祈祷有去处。冯梦龙显然十分喜爱灵峰寺，对于旧志记载错误的地方给予纠正，还给予它“丹华胜境”的美名。

第五章
整顿学风

导言

为了满足封建统治者培养补充人才的需求，明代县官还担负有兴办县学和主持科举前最初考试——县试的职能。官寿期间，冯梦龙有感于寿宁文风不振，科举不兴，着手兴文立教。身为知县，他不仅捐俸代输，修缮县学，倡导求真务实的文风，而且亲自编写《四书指月》作为教材，亲为讲解。《福宁府志》和《寿宁县志》中说他“政简刑清，首尚文学，遇民以恩，待士有礼”。在他的努力下，寿宁学宫出现了“士欣欣渐有进取之志”的好风气，扭转寿宁多年来连个举人也没考中的被动局面。

教育落后　文风不举

寿宁县古代先后归福宁府、建宁府管辖。县学学宫，设教谕、训导各一员。教谕掌管文庙祭祀、传授经书、律令，主持岁、科考试，教育管理所属生员。训导协助教谕工作。“因先圣生辰，忌辰设祭，皆学中为政”，因此，寿宁学宫与孔庙同设一处。明景泰六年（1455）析福安县西北地、政和县东北地置寿宁县。明朝政府规定，各县设县学，所以县学与县治同时肇建。明正德三年（1508），知县尹衮对县学进行过翻修。嘉靖年间（1522—1566），明伦堂后建启圣祠，以布政司隙地扩建学宫，右为先师庙，东西为庑，庙前为棂星门；左为明伦堂，堂下分列东西斋，前为仪门，又前儒林门；廨、仓、库、橱皆备。后遭到倭寇破坏。寿宁经济落后，教育也落后，明代只有儒生150多人。封建统治阶级对儒学生员进行严格的思想控制。明代颁学校“禁例”八条，通令全国刻“卧碑”置于明伦堂之左。

寿宁县最早的社学办于明成祖年间（1464—1487），由知县陈痒建于县治东兴贤坊。“社学”为元代首创体制。元朝至元二十三年（1286），朝廷令诸路立“社”，规定：“诸县所属村庄，五十家这一社，每社立学校一，择通晓经书者为师，农隙使子弟入学。”（《元史·食货志》）每社设社长，任务是“教农劝桑”并抓教育。明初继续推广社学制度，明洪武八年（1375）诏令天下立社学：“今京师及郡县皆有学，而乡客之民未睹教化，有司其更置社学，延师儒以教民间子弟，导民善俗。”《续文献通考·学校考四》明确规定了社学的目的有两个，即“教民间子弟”和“导民善俗”。这时的社学充其量只能算一所简单的识字教育机构，还有风俗道德教化的功能，对招生对象没有限制，因此类似于现在的扫盲教育。明朝弘治十七年（1540），明孝宗“令各府、州、县建立社学，选择明师，民间幼童十五岁以下者送入读书”。（《明史·选举志》）这时的社学已转变为专门的启蒙教育机构或曰初级学校。

寿宁地处僻远，自然条件差，经济落后，长期保留着“安土重迁、不思进取”的封闭心态，在漫长的时间里，寿宁教育并没有出现质的转变。在明代，寿宁考上举人的只有姜英、姜礼父子，更不用说进士了。自从万历壬寅以后，四十年间，寿宁连个孝廉也出不了一个。县里设有学校，但读书人很少；除了经书，其他典籍难得见到。大人教导小孩，作文能写成篇就算有才能了，读书能考上秀才就可以满足了，能成为廪生享受官府补贴就已经是荣耀家族了，“父兄教子弟以成篇为能，以游泮为足，以食饩为至”。读书人这样，官府书吏的文化水平也高不到哪儿去。每到朝廷考核地方官政绩或者大造黄册时，县里的书吏居然不能胜任，一定要到外县请人来帮忙；起草普通公文如果未经知县大人动笔修改，根本就语句不通，病句连篇。

兴文立教　整顿学风

如前所述，岁贡生按规定在外省以州判用，在本省以训导用。州判即知州佐吏，是副职，从七品。如今，冯氏受命赴任寿宁县令，正职。仅从这点亦可推知，他在丹徒训导任内的工作是相当成功和十分出色的。

寿邑文风不举、科第难登的氛围，让出生于文风高涨之地苏州、饱读诗书的冯梦龙感叹不已。冯梦龙决心振兴寿宁文风，教化民众，着手筹措兴文立教大计。

一、修缮县学

上任不久，冯梦龙就与教谕廖灿、训导吕元英商量修缮学宫之事，积极着手准备动工之前的一些启动工作，如请人估算修缮学宫要多少银两。当冯梦龙得到报告说，前任有报批修学宫，还留有二十八金时，他十分高兴，“适有详过修学赎锾二十八金，余益以二十余金”，与教谕、训导商量，利用上级下拨的修学专用基金“二十八金”，又从十分拮据的县财政中拨出“二十余金”，对学宫进行修缮。把原学宫前移、扩大，大门重建。因为“棂星门腐朽”，缺乏适用的大树做梁柱。冯梦龙想方设法寻找能做大梁的木材，他了解到，旧吏叶际高欠公家“十金”无力奉还，但他的家中“存山林一区”，可以用来折价抵债，但是因为“路途稍远，求售不得”。冯梦龙就拿出自己可怜的薪金，雇人砍伐大树后运到县城，“捐俸代输，伐其木，募人致之，鸠工斫削”。原定农历正月初二子时开工，因为这是一个吉祥的日子。但大年初一人们都在家过年，工人不好雇，负责修建的小吏要求延期竖柱立梁。办事果断干练的冯梦龙不同意延期，灵机一动想出妙计，提

◎ 冯梦龙在寿宁之修缮学宫（吴华光绘）

出“夫至者，不论老弱，人赍银一分，工人倍之，捕衙给小票库支”，他亲自书写了一个布告贴在学宫之外，申明只要有人出工，不论老少都有奖励，工匠加倍。号令一出，响应者居然“夜半而云集，比天明，柱已立矣”。在冯梦龙的努力下，县学终于“堂宇载整，学门重建”，“朱丹既饰，视昔加焕焉”。看到焕然一新的学宫，大家精神都十分振奋，前往观看者络绎不绝。

二、亲自讲学

明神宗万历二年（1574），冯梦龙出生于苏州乡下一户诗书传家的没落士大夫家庭。冯梦龙的祖父、父亲均为儒冠中人，母亲毛氏亦为吴中世族之女，冯梦龙有一兄一弟。出自“理学名家”的冯氏三兄弟，冯梦龙居中，字犹龙、子犹、耳犹等，又以书斋名自号墨憨斋主人，别号龙子犹、吴下词奴、前周柱史、顾曲散人、可一居士、香月居主人等。其诗文书画、词曲戏剧、琴棋牌艺无所不精，时人评价他：“吴下三冯，仲其最著云。”吴中学风自古兴盛，正如明朝名士徐有贞所说：“吾苏也，郡甲天下之郡，学甲天下之学，人才甲天下之人才，伟哉！”（《苏郡儒学兴修记》）在这样的环境中，世代业儒的冯氏家族对子女的教育和培养可谓殚精竭虑，不遗余力。冯梦龙自幼在这样的家庭督导下接受严格而系统的正统教育。可谓饱读诗书熟记经文，个性禀赋又聪慧灵异，“上下数千年，澜翻廿一史”。（王挺《挽冯梦龙》）冯梦龙穷经探源，奋发治学，常与兄弟切磋学艺，探究疑义，有所心得必撰写成稿，并练就过目成诵、终身不忘的本领。冯梦龙在少年时就显现卓尔不群的禀赋，思如泉涌，笔如游龙，下笔千言立就，议论脱口成文，“八岁曾举神童，十一岁游庠”。他仪表堂堂，气质儒雅，为人热情爽朗，博通经史，才敏而勤，博采诸家之长，自成一家之说。《苏州府

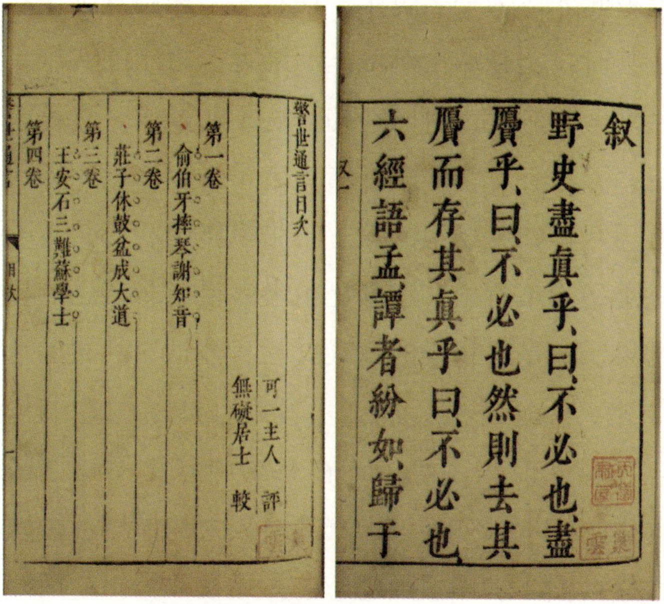

警世通言目次

可一主人 評

無礙居士 較

第一卷

俞伯牙摔琴謝知音

第二卷

莊子休鼓盆成大道

第三卷

王安石三難蘇學士

第四卷

叙

野史盡真乎，曰，不必也，盡贗乎，曰，不必也，然則去其贗而存其真乎，曰，不必也，六經語孟，譚者紛如，歸于

◎ 冯梦龙编《警世通言》（明天启刻本）

志》称其“才情跌宕，诗文丽藻，尤明经学”。南京博物院至今收藏有冯氏所画扇面一帧，论者谓其：“着墨不多，颇有秀逸之效。”友人文从简赠诗有句云：“早岁才华所惊，名场若个不称兄。”（文从简《冯梦龙》）对他进行了高度评价。冯梦龙的书法也自成一体，十分隽永。

可是，饱读诗书的冯梦龙却数十年久困科场，连连失意，仕途不就，命运多蹇。到了崇祯三年（1630），他五十七岁时才成为一名贡生，在科考之途中登上了艰难的一级。其时，明初取士制度，历经近二百年的实施，到了万历时期，其制度本身固有的弊病不断暴露。一是权势介入科场。万历五年，首辅张居正之子张嗣修以甲第二人及第。万历八年，张居正的第三子张懋修中状元，长子张敬修成进士，不难看出，这都是主考官畏于张居正的权势逢迎的结果。二是科场中的权钱交易。乡试、会试的考官，收受贿赂，暗通关节，或出卖试题，或于试卷中预揑字眼，以便阅卷时识别等等，在科场中屡见不鲜，层出不穷。这样，公平、公正为国家选拔人才的原则已被破坏，一些才气纵横、满怀报国之志的人才往往被拒之门外，而那些才识平庸、投机取巧、敢于科场舞弊者反而高中。冯梦龙学富五车，却次次碰壁，回回落第。冯梦龙的同乡好友文震孟在“弱冠以《春秋》举于乡”，而冯梦龙这个“志在《春秋》”、名驰天下的大家却“荏苒至今，犹未得一以《春秋》举也”。这是冯梦龙人生之一大悲剧，也是对科举制度的一大讽刺。致使冯梦龙久困科场、不得及第的客观原因是科举制度的腐败。对于这种弊端，历代都有有识之士加以过抨击。冯梦龙对此当然有很深的感慨，写了不少文字对此进行过讥讽，在《老门生三世报恩》中，他就借用鲜于同之口发泄过自己的激愤之情：“如今是个科目的世界，假如孔夫子不得科第，谁说他胸中才学？若是三家村一个小孩子，粗粗里记得几篇烂旧时

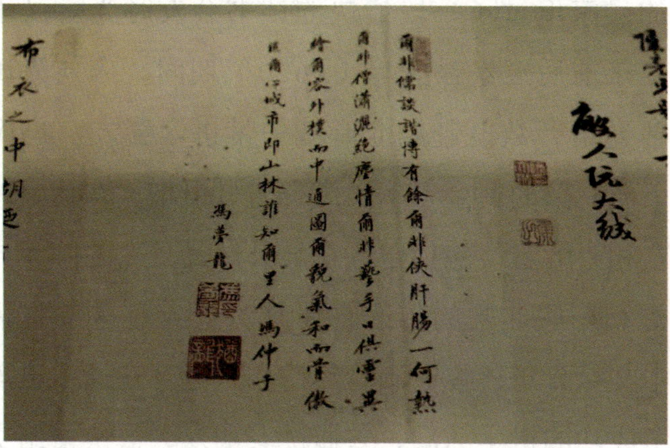

◎（明）《皇甫钝顾隐亮像卷》冯梦龙题跋

文，遇了个盲试官，乱圈乱点，睡梦里偷得个进士到手，一般有人拜门生，称老师，谈天说地，谁敢出个题目将带纱帽的再考他一考吗？”在冯梦龙看来，他久困诸生，坏就坏在那些“盲试官，乱圈乱点”。对于这样的科场，他心中是充满了悲愤的，但又是无可奈何的。在《警世通言》中，他以一首嘲讽诗结束了主人翁鲜于同的故事：“名利何必苦奔忙，迟早须臾在上苍。但学蟠桃能结果，三千余岁未为长。”渴望与无奈，失望与梦想，多般滋味在心头。

在一次次的科考失利之后，冯梦龙于万历三十八年至三十九年（1610—1611），前往嘉定，在与冯家有通家之谊的侯家度过了一段愉快的读书会友时光。又于万历三十九年前后至泰昌元年（1620）期间，应友人田公子的盛情邀请，数度赴湖北麻城一带讲学会友。冯氏正值“三十而立”的黄金年华，声誉与日俱增，在这一带有许多朋友和崇拜者，包括曾经在吴县做过县令的陈无异。种种赞誉和一些非凡的传闻，使楚黄士人对这位倾慕已久的吴中文坛青年才俊充满着热情和兴趣。在这里，冯梦龙进行了成功的讲学活动，并通过老朋友，很快便结交了一大批新朋友。冯梦龙在这里如鱼得水，主盟结社，诗文酬唱，开创了麻城文坛的一时盛景。诗场文会，冯梦龙均是主角，其风采辉映一方。许多青年学子纷纷投其麾下，拜师学文，穷经习史。在此期间，冯梦龙总结整理了二十余年来在经史及应试方面的文章和心得，结集刊行了一批著作。冯梦龙的到来和他独特见解的讲学，为楚黄刮起了一股新视角的文风，促进了楚黄和吴中两地学术思想广泛的交流和磨合。冯梦龙应邀在麻城开设的《春秋》等课程，结合自己二十余年的学习、研究基础，以独具慧眼的破题之法和作文之式入手，深受学生们的欢迎。冯梦龙的讲学有这样的效应，与冯梦龙对经书的深刻把握有关。

冯梦龙卓尔不凡的气质风度和无与伦比的滔滔口才，令楚黄士子大开眼界。授课讲学取得了极大的成功，麻城学界折节叹服。泰昌元年（1620），冯梦龙《麟经指月》刊布，颇受时人推重。“自《指月》既出，海内《麟经》家，人人诵涌犹龙先生矣。”（《春秋衡库》梓行附白）冯氏门人周应华在《春秋衡库》跋中称：“吾师犹龙氏才高殖学，所著多为世珍，而《麟经》尤擅专门。”《麟经》即《春秋》，冯梦龙的这本《麟经指月》为文士学子举业起到了指点迷津的作用，因其具有实用性，此书一出，即成为极受欢迎的学习参考书。冯梦龙以研习经史二十余载之功力，集研究心得与方法，并将历代“讹讹相传，习而不察”的许多谬误，一一论定，辨明是非。

冯梦龙采用的编辑方法既满足士子们猜题的需要，又不是指引他们去背诵“烂旧时文”，而是启发他们去钻研经传。在书中，他将《春秋》能够出的题一一列出，做到

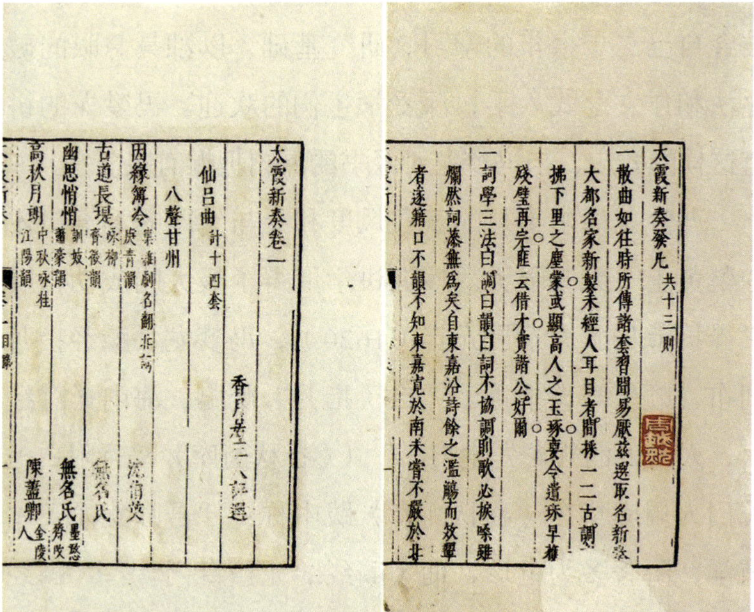
太霞新奏卷一
仙呂曲 計十四套
八聲甘州 香月居主人評選
因緣簿令 案劇名郵亭 沈青門
古道長堤 詠柳 無名氏
幽思悄悄 訓妓 無名氏
高秋月明 中秋詠桂 陳藎卿

太霞新奏發凡 共十三則
一散曲如往時所傳諸套習聞易厭茲選取名新發
大都名家新製未經人耳目者間採一二古調
拂下里之塵蒙或顯高人之玉琢
殘璧再完匪云借才實諧公好爾
一詞學三法曰調曰韻曰詞不協調則歌必捩嗓雖
爛然詞藻無為矣自東嘉以詩餘之濫觴而效顰
者遂籍口不韻不知東嘉亢於南未嘗不嚴於韭

◎ 冯梦龙辑《太霞新奏》（民国石印本）

了“题虽择而不漏”。然后他在每道题后作一破题。在破题之后，又详尽地指明该题的要旨和作文之重点和方法，做到了“传无微而尽心”。冯梦龙于每题后作破题，士子们只要记住了它，就能闯过这一难关。故此书大受生员、举人们欢迎，也得到那些坚持儒家传统的士子们的夸奖。冯梦龙编撰的《春秋衡库》也是一本科举辅导书。有“左氏癖”的李长庚称赞该书：“犹龙氏自言有此书可无观他书，诚确论也。”李长庚是明末“西陵三老”之首，曾任吏部尚书，为人刚直不阿，敢于直言。能得到他这么高的评价，可见此书的品质。

《四书》历来认为是《六经》之阶梯。“诸士子于《学》《庸》《语》《孟》之书，童而习之”，然而，要想真正把握其精神实质，合乎孔孟之原意及朱熹的注解，却也非易事。因为《四书》的内容是明代所有科举考试的必试内容，所以冯梦龙编撰了《四书指月》来指导士子们对《四书》的学习。《四书指月》逐章逐节结合朱熹的注释，对其要旨进行阐发，还以眉批与附注的形式来指点作文的要点与方法。所以，士子们在作此题目时，便可依照朱熹的注释，扣住题意，不会背离。

湖北麻城是反封建的进步思想家李贽的家乡。青年时期的冯梦龙早已深受李贽思想的影响，他在楚黄麻城的这一段讲学经历，使他更进一步接近并接受李贽“异端”学说的熏陶，从而对他后半生的人生经历产生了重大的影响。

从万历后期开始，明王朝内忧外患丛生不已。朝中党争日趋激烈，魏忠贤党残酷迫害正直人士，尤其是东林党人的发源地州一带的士人受害更烈。到了崇祯年间，民穷财尽，民变蜂起，“流寇”遍地，而关外满族铁骑大举南侵。在民族危机和社会危机的逼迫下，许多有良知、有正义感的士人从追求个人享乐转向关心救亡图存，自觉地选择可以拯救危亡的实用之学和重建的秩序之学。这时的冯梦龙对国事民情更多地倾向于王阳明的致良知和学以致用的思想。所以他潜心钻研《春秋》，利用自己的名声编撰刊行了胡安国传注的《麟经指月》等专门指导士人们研读《春秋》的书籍，引导士人们去体悟《春秋》的真正内涵。因为《春秋》是拨乱之书，他希望士人们在此危亡之秋，能以《春秋》中的忧患奋发之精神去拨乱反正，救亡图存。

崇祯三年（1630），五十七岁的冯梦龙终于获得了岁贡生资格，总算对他四十余年的科举经历有了一个交代。在封建科举时代，除正常的科考之外，还有一种选送制度，作为用以保证优秀人才入仕的一条补充途径而运作。其做法是定期挑选府、州、县生员（秀才）之中成绩或资格优异者，升入全国最高学府京师国子监肄业，称为贡生。明代贡生又有岁贡、选贡、恩贡和纳贡四种。岁贡，

◎ 冯梦龙在寿宁之兴文立教（吴华光绘）

即每年按规定选送者。岁贡生做官有严格的规定，“在外省以州判用，在本省以训导用”。选贡，是一种取士之法，用以补充岁贡之不足，恩贡，凡遇皇帝登极或其他庆典颁布“恩诏”之年，除岁贡之外，又加选一次，称为恩贡。纳贡，即由生员捐纳钱财入国子监者称纳贡，其实就是用钱买一个贡生的资格。

冯梦龙以岁贡生的资格获任丹徒训导。训导为学官名。按明制，于府设教授，州设学正，县设教谕，“执掌教育所属生员之职”，其副职皆称训导。冯梦龙在丹徒训导任上，兢兢业业，工作出色而成绩卓著，口碑颇佳。他以自己的学识才华和资历声望，以及对莘莘学子无微不至的关爱和严格出色的培养，以其长者风度和气派，很快赢得上司和同僚的器重和敬佩，博得生员们一致的爱戴和仰慕。

到寿宁上任后，面对寿宁读书者少的情况，冯梦龙“立月课”，将自己所著《四书指月》发给诸生，并“亲为讲解”。父母官亲临教学第一线，每月到学宫讲课一次，难能可贵。当然，讲课是冯梦龙的拿手绝活，想起当年在麻城讲课的盛况，冯知县定然感慨良多。如今以一县之长官的身份讲课，对于学生来说，其鼓舞鞭策作用定然超乎我们的想象。他的课深入浅出，循循善诱，动之以情，晓之以理。身为一县之长的父母官，身体力行，这在当时社会是不多见的。因而，学宫里出现了“士欣欣渐有进取之志”的好风气，冯梦龙对此颇为满意，他欣慰地认为，如能这样坚持下去，“将来或未量也”。从此亦可看出他对士子的关怀和期望。叶有挺就是冯梦龙的得意学生。在冯梦龙的关心教导下，叶有挺于崇祯十一年补增广生，他后来学业有成， 在顺治十四年中举，康熙九年又中进士，这可是冯知县兴文立教的卓著成果。

叶有挺（1618—1675），字贞孚，号果庵，犀溪人。有挺六岁之时，父亲不幸病故，有挺与刚满周岁的弟弟有拔则由祖母与母亲抚育长大。有挺年少有志，仅13岁就考入县学，他勤奋好学，手不释卷，废寝忘食，冯梦龙见他勤勉好学，孝敬长辈，与弟友好相处，便认真指导。叶有挺不负知县厚望，学业突飞猛进。顺治七年（1650），叶有挺被特举为“孝廉”，顺治十四年（1657）以《礼经》中举，声誉愈炽。有挺在中举之后，不忘家乡父老的培育之恩，回籍奉养母亲三年，以尽孝道。在家乡时对人待事，谦和可亲；对待后生，经常循序渐进地诱导、指点，县内儒生争先恐后地求教；他族修编族谱时请求有挺代序，也尽心尽力；发现各都图钱粮起运流弊多，便建议县主允许各都图各自起运，官收官解，这样迁移外地的里民又大都返乡安居。其所作所为，颇有冯梦龙之风。

三、尊师尚文，待士有礼

明代县学学官为教谕，训导佐之。教谕和训导都没有品级，所谓“广文先生官独冷”，说的就是教谕和训导无品级的情况。在寿宁这个既穷又小的山县，“庠诸生不过百五十人，俱散处乡村。与师长岁或一面，不甚浃洽，游泮贽仪，未免书券”，以致“广文先生仅饱苜蓿，抱膝高吟而已”，生活相当清苦，甚至于“值远道多口，有不能治归装者”。冯梦龙把对他们境况的关切和同情集中为三个字：“可念也！”在《寿宁待志》中，他对这些不入品的属员，非常尊重，口口声声称他们为“师尊”，表现了他的“待士有礼”。在《寿宁待志·官司》一节中，他郑重其事地把历任教谕、训导名籍一一开列记载，把他们的位子摆在知县之后，典史之前，使这些人随着《寿宁待志》传世而留名千古，大大增长了尊师之风。在议及陈醇等人该不该进入名宦祠时，冯梦龙提出，教谕贾暹、刘邦采“亦宜并议，以励师模”，如此千方百计为“广文先生”争取名位，冯梦龙可谓是用心良苦。

在翻阅托溪吴氏家谱时，我们还惊喜地发现冯梦龙送给他任上最后一位贡生吴国化所写的牌匾，上面写着“甲第先声”，对吴国化在学宫里所起的前导作用大为赞赏。此一匾四字，足见冯梦龙对知识分子的尊崇。吴国化后来担任长乐教谕，升漳州教授。

四、治学严谨，求真务实

冯梦龙是一个最讲“真”的人，在文艺观上倡导“情真”，对待友朋主张真诚，处世办事讲究认真。为官后，脚踏实地行事，“余生平做事不求名但求实”，这是冯梦龙发自内心的话。《寿宁待志》一书一改前志书的命名，不叫“县志”而取名“待志”，这是绝无仅有的。一个“待”字，可以看出冯梦龙的一番拳拳谦和真诚之心。冯梦龙在《寿宁待志》小引中说：“曷言乎待志？犹云未成乎志也。曷为未成乎志？曰：前乎志者有讹焉，后乎志者有缺焉，与其贸焉而成之，宁逊焉而待之。何乎待？曰：一日有一日之闻见，吾以待其时；一人有一人之才识，吾以待其人。”他认为这一本书虽然是订正了前志书的一些错误，但是还不是很完美，有待后人进一步地考察纠正，表现出严谨的治学精神。冯梦龙尊重客观事实，对旧志中的记载一一核

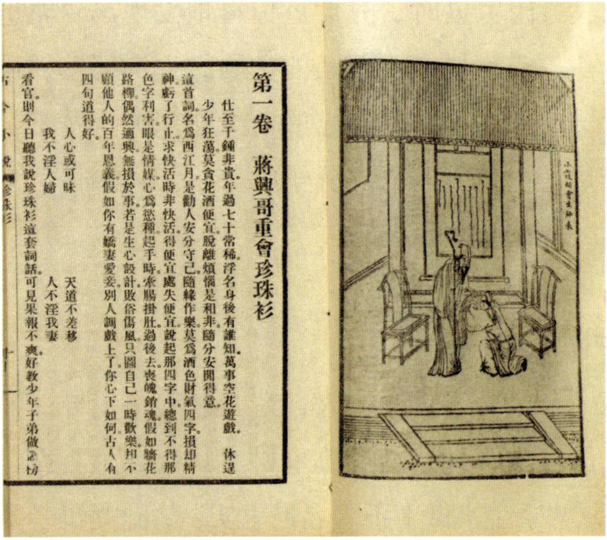

古今小說　珍珠衫

第一卷　蔣興哥重會珍珠衫

仕至千鍾非貴。年過七十常稀。浮名身後有誰知。萬事空花遊戲。　休逞少年狂蕩。莫貪花酒便宜。脫離煩惱是和非。隨分安閒得意。

這首詞。名爲西江月。是勸人安分守己。隨緣作樂。莫爲酒色財氣四字。損却精神。虧了行止。求快活時非快活。得便宜處失便宜。說起那四字中。總到不得那色字利害。眼是情媒。心爲慾種。起手時。牽腸掛肚。過後去。喪魄銷魂。假如牆花路柳。偶然適興。無損於事。若是生心設計。敗俗傷風。只圖自己一時歡樂。却不顧他人的百年恩義。假如你有嬌妻愛妾。別人調戲上了。你心下如何。古人有四句道得好。

人心或可昧　天道不差移
我不淫人婦　人不淫我妻

看官。則今日聽我說珍珠衫這套詞話。可見果報不爽。好教少年子弟做

◎冯梦龙《古今小说》（1955年文学古籍刊行社初版）

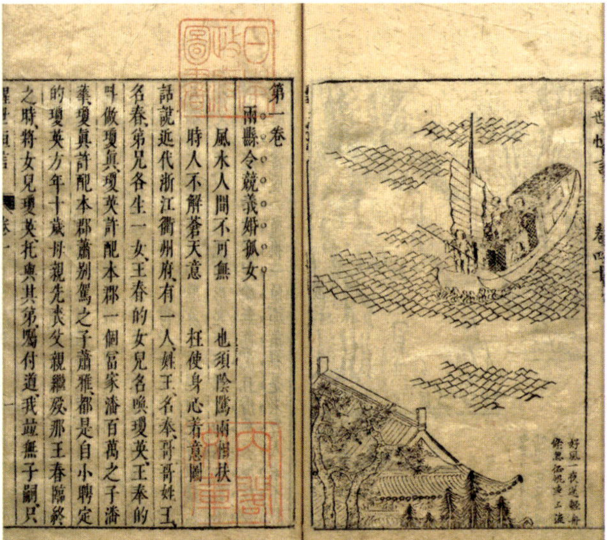

醒世恒言　卷一

第一卷

兩縣令競義婚孤女

風水人間不可無　也須陰騭兩相扶
時人不解蒼天意　枉使身心着意圖

話說近代浙江衢州府，有一人，姓王，名奉，哥哥姓王，名春。弟兄各生一女，王春的女兒名喚瓊英，王奉的叫做瓊真。瓊英許配本郡一個富家潘百萬之子潘華，瓊真許配本郡蕭別駕之子蕭雅，都是自小聘定的。瓊英方年十歲，母親先喪，父親繼歿。那王春臨終之時，將女兒瓊英托與其弟，囑付道，我並無子嗣，只

◎冯梦龙《醒世恒言》内页（明刻本）

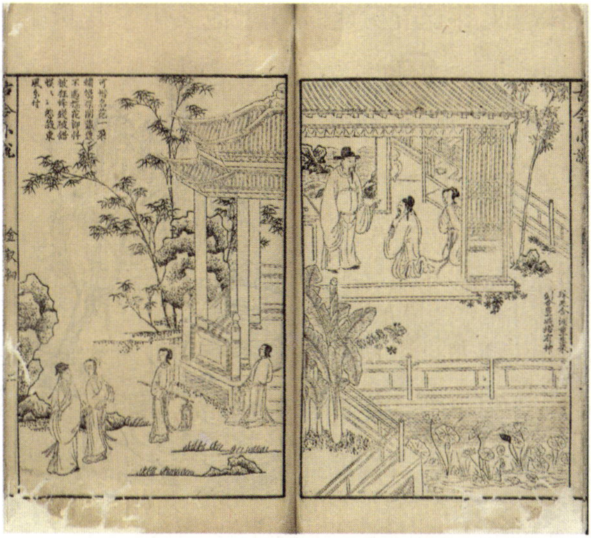

◎冯梦龙《古今小说》插图（明刻本）

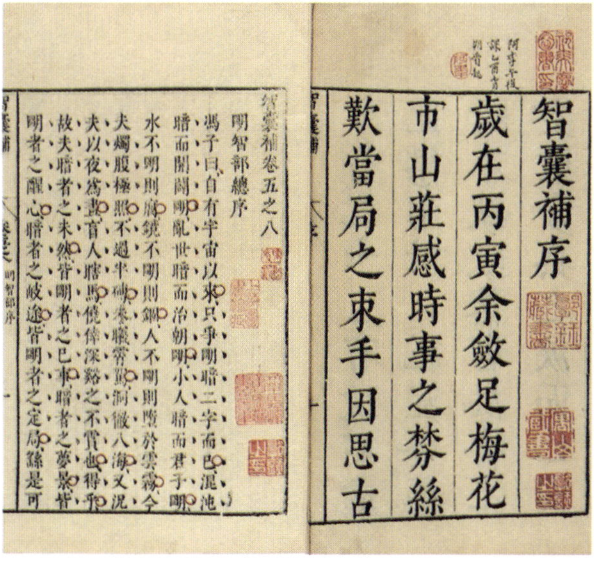

智囊補序

歲在丙寅余斂足梅花

市山莊感時事之棼絲

歎當局之束手因思古

智囊補卷五之八

明智部總序

馮子曰自有宇宙以來只爭明暗二字而已混沌

暗而開闢明亂世暗而治朝明小人暗而君子明

水不明則腐鏡不明則銅人不明則墮於雲霧今

夫燭腹極照不過半砌凝膋點洞徹八海又況

夫以夜為晝盲人瞎馬僥倖深谿之不實也得乎

故夫暗者之未然皆明者之已事暗者之夢囈皆

明者之醒心暗者之岐途皆明者之定局繇是可

◎冯梦龙辑《智囊补》（明活字本）

实，并提出具体意见，这充分地体现了他实事求是尊重历史发展的治学态度。冯梦龙还一改一般县志褒多贬少弄虚作假的歪风，在卷末附的“旧志考误”一篇中大胆批评叶朝奏献媚讨好戴县令，指出其“叙事中多称功颂德之语，殊乖志体。宜直载其事，稍删赞美”。他还在“物产”一篇中记载道：“方竹难得之物，仅托溪西严寺有种，然细甚不堪作杖。志亦混载，宜删去，毋使后有求者，为地方累。”这么一件貌似细枝末节的小事，他都郑重地加以说明，足见其严谨务实的文人态度和心系百姓的立场。

第六章

兴利除害

导言

我国古代社会是自给自足的小农经济，应对自然灾害的能力较弱。为了保障封建秩序的稳固和社会安定，历代都制定了一系列的救荒政策和措施。冯梦龙在寿宁任上，提出“险其走集，可使无寇”的保境安民的施政目标，赈济、修仓、除害，兴修水利，使寿宁社会环境得到较好改善，为群众谋得一份难得的安宁。

灾害严重　环境恶劣

一、严重的自然灾害

寿宁地处高寒地区，素有“三寒”之称：春寒，即春分或清明前后会出现日平均气温为10℃以下的寒冷，造成双季早稻烂秧、坐苗等寒害。六月寒，亦称梅雨寒。5—6

月间，高山地区会出现连续3天以上低于20℃的低温天气，使水稻花粉败育，抽不出穗或抽穗不勾头等，影响早稻产量。秋寒，有的年份，在9月间会出现气温低于20℃，且持续三天以上，造成晚稻谷粒空瘪，影响收成。雨量充沛，但年际和季节分布不均，故春旱、夏旱、秋冬旱在县境内都有不同程度出现，其中夏旱最为常见。据县志记载，从明成化年间开始到明崇祯年间，多有旱灾记载。如县志记载："明崇祯九年（1636）大旱，民饥，争采竹米作食粮。""明嘉靖五年（1526）四月，大旱，至九月方雨，麻、椒、粟枯死。五谷缺种。"

寿宁山峻岭深，河床斜度大，山泉多，境内河流狭而急，山体滑崩事件时有发生。暴雨，以南阳盆地为最多，年平均达七次，向西南依次减少。县志记载，明末暴雨山洪暴发频繁。其中，规模最大的一次是明嘉靖三十七年（1558）八月初七起，连续四昼夜大风暴雨，水骤然爆发，多处山崩。压男女数百口，田园被毁不可计数。灾荒频繁，影响民生。尤其米麦价格较一般平均价格高达三四倍。此外，棉花、盐、柴薪、水等民生日用品的供应，也直接或间接受影响。灾荒时，百姓通常只能以草叶、葛

◎寿宁县南山风景区冯梦龙塑像（张培基供图）

蕨、竹米、各类树皮等维生，或以糠秕杂菱、藻、豆饼为食，或掘食“观音粉”等。官府对灾民虽有漕米改折、截留漕粮、行平籴法、煮粥赈饥、转运米粮等救济措施，但这些救济方法有其局限性和弊端。因此，饥民煮食子女、鬻妻女、流亡、行抢、杀人等社会问题亦出现。

中国自古以来，即灾害不断，究其原因，与地理气候条件复杂，自然变异强烈有关。此外，人为的政治、社会、经济因素，如战争、流民、水利等问题，也有相当影响。明朝末年由于处于地质学上的“小冰河期”，其自然灾害的频率和烈度之大，极端天气之多，可谓旷古未有。以水灾而言，平均一年四个月有一次，旱灾平均约一年六个月一次。其他蝗灾、疫灾、雹灾、霜雪、地震、饥歉等，亦屡屡发生。仅从崇祯元年到崇祯十七年，就发生了水灾、旱灾、雪灾、蝗灾，一些地区还发生地震。

二、闭塞的交通之害

寿宁东、北、西部与浙江省的泰顺、景宁、庆元相邻，西南、南部、东南分别与福建省的政和、周宁和福安接壤，地控闽浙咽喉。明朝嘉靖五年知县钱亮在《科贡题名记》中赞叹："寿宁之山，崔巍嵂峻极于天；而其川也，奔腾澎湃趋于海，此固非常之山川也。"万山逶迤，连县城也"囿万山之中"，农村则"危峰幽壑，一望林莽，落落村烟，点缀其间，前后左右，叫呼不相应""山险而逼，水狭而迅"，县民逢山辟小路，遇水搭便桥，交通不便是可想而知的。"车岭车上天，九岭爬九年，三天三夜三望三年，三支蜡烛过岩洞"，这个民谣在寿宁家喻户晓，充分体现了寿宁交通不便的形象。交通闭塞之害严重影响寿宁社会发展、民众生活。

当时寿宁人外出有陆路和水路。寿宁水路交通，仅一段水路，即斜滩溪。当时寿宁所需食盐，是由盐船运至福安黄旛司，再换上小船驳载到斜滩，三十里长，均逆流而上，货船都靠纤夫逆水倒拉纤，将船只运送到斜滩。除这段短短的水路之外，县内溪流虽多，均不能通航，因此，寿宁交通只能以陆路为主。

尽管寿宁是"两省之瓯脱，五界之门户"，但"官道"却只两条：从县城出发，"正道通政和"，"偏道通福安"。

正道是取道政和往当时建宁府治的要道。在寿宁境内，从县城到政寿边界的南溪，路程不远，但路上迂回曲折，有九岭和陡峻的尤溪岭。巍巍洞宫山脉经海拔为1527米的箬坑坳，由西北向东南蜿蜒而来，在芹洋境内东部耸起名山海拔为1108米的九峰坛。从海拔九岭溪畔向九峰坛攀延而上，至岭巅，高低悬殊达574米。到政和边界要经过一个岩洞，就是石门隘。“三支蜡烛过岩洞”即是形容此洞，可见此洞之长。路从洞中通过，洞内光线昏暗，洞外山道沿溪蜿蜒，内侧则悬崖峭壁。冯梦龙过石门隘，留有《石门隘》诗一首。

“偏道通福安”，要从车岭关往返。“车岭车上天”，车岭又高又陡，长达十里，十分难行。《寿宁待志》写道：“车岭关即车岭头，去县二十五里，一线千仞，仰关者无所措足。东南路第一险峻处，有匾曰‘南门锁钥’。”

由此看来，寿宁当时的交通，无论正道还是偏道，都不好走。

除了官道，还有许多小路联结邻县及本县各村。小路之崎岖，又超过官道，“山径尺许阔，高下曲折”“山路崎岖，负担为苦”，故一般老百姓“有白首不入城市、不赌冠盖者”。

这样的路，车、马都派不上用场，老百姓出门都是步行。因“寿城如弹丸”“东南相距不半里，举足可周”，故而“城中绝无肩舆之迹，乡绅与县有司，岁仅一见，皆步行。虽赴宾筵，乘舆与张盖者希有。远行用小兜……间有暖舆，亦甚简陋”，甚少出现的小兜、暖舆就是当时寿宁的交通工具了。

冯梦龙到福建时，寿宁置县不到二百年。那些山路，虽崎岖陡峭，但都是勤劳的寿宁人民用双手从山岭中开辟出来，用脚踩出来的。朝廷极少考虑这些偏远山区的交通建设，少得可怜的一点象征性交通经费，也一再扣减，都拿去供统治者挥霍和镇压农民起义之用。交通不便，给山民带来的苦难，远不止“山路崎岖，负担为苦”。明末政治腐败，阶级矛盾尖锐，加上自然灾害频繁，许多人被迫铤而走险，或当劫匪或去偷盗，所以走在路上并不太平，“不逞伏莽，早暮风雨，行人戒心”。外出的人，“归日必联袂同行，备不良也”，一个人不敢往返，只能结伙而行。而官员去任到任，“肩舆负担多者至百余名，最少亦数十名。”以人多来防路上劫匪。

交通不便，影响了寿宁山区经济的发展。寿宁的物产运不出去，外地的货物也很少进来。《寿宁待志》中有这样的描述：春节点灯，“珠灯绝无，皆色纸为之；纱灯间有，自省郡来，亦下下品”；“溪鱼仅二三寸，亦为珍馔。鳇鱼从宁德来，甚艰，非大寒之候，色味俱变矣”；“若燕窝、西施舌、江瑶柱等虽出闽海，寿之大家有从未经目者”，连大富之家都不曾见过这些海产品，更不用说一般百姓之家了。所以，寿宁百姓犹如井底之蛙，所见短矣。

三、倭患、匪患频繁

寿宁虽僻处山区，明嘉靖年间也屡遭倭患。嘉靖三十八年（1559）和四十一年（1562）两遭倭寇洗劫，其中又以四十一年那次危害最大。是年“冬十月，倭犯福建。其自浙之温州来者，则合福安、连江登岸海贼，攻陷寿宁、政和、宁德等县”。（《明史纪事本末》）知县章锐曾于嘉靖四十年“始申请筑石城，垒障土于溪流，编木关于东西，以为全城，城池初具规模”。但是，四十一年刚修筑完毕，倭寇就斩关入侵，城墙尽数被毁坏。《寿宁待志》中所提到的“仓库、狱囚以城为栏，自遭倭残毁，知县戴镗请加增筑，不果。从此日就崩塌，四门荡然，出入不禁”，且北门一带“倭乱时居民避此，尽遭屠戮”，所叙述的就是这一次倭患。史籍中将此劫难称为“壬戌倭寇之变”。这一次的倭乱给寿宁带来了极大的破坏，不仅人员死伤无数，城毁墙塌，县署悉毁，各种典籍也湮没无闻。

寿宁山高水远，“踞一郡最高之处”，“危峰幽壑，一望林莽，落落村烟，点缀其间，前后左右，叫呼不相应”。如此险峻的地形，常常被占山为王的山匪据为根据地。其中，势力最大的山匪就是郑怀茂。明景泰元年，以郑怀茂为首的匪患聚众几千人占山为寨，势力强大，你争我抢，烧杀奸淫，无恶不作，祸害百姓。郑怀茂武艺高强，使一口重一百来斤的大关刀，无人能敌。明景泰六年（1455），闽浙都御史刘广衡檄福建按察副使沈讷率兵征讨。端午前一天，民众在农历五月初四提前过完节。初五，从民间召集而来的刘良、李球等十三义勇大夫，以酒、肉、粽子送礼到官台山匪寨麻痹众匪徒，后面跟上士兵、乡民，离匪寨一段路隐蔽起来。众匪不知是计，喝得烂醉如泥。山下官兵及时攻围山寨，里应外合，打下了官

◎ 寿宁县平溪镇南溪村，当年冯梦龙从建宁府到寿宁上任经过的第一个村（张培基供图）

台山。寿宁人为了纪念这一战役，将端午节改成五月初四。当年八月，寿宁建县。但建县后，寿宁匪患仍然严重，他们各处盘踞，不断骚扰民众，给民众的生产生活带来严重的危害。

四、肆无忌惮的虎患

寿宁地处山区，山林密布，老虎经常出没。冯梦龙到任之前，虎已伤人百余，百姓以之为大患。虎患主要发生在西门外，因之前的西门遭倭乱残毁，城楼塌毁，久未修，老虎就从此处夜间入城伤人害畜，搅得人心惶惶，百姓不得安宁。县志记载，明嘉靖二十三年（1544），群虎往来九都（今斜滩、平溪、芹洋接壤地）地方，行旅维艰，时越东西二涧入城，损伤人畜。明崇祯八年（1634），西门外虎暴，伤人百余，夜间入城咬走猪犬。寿宁县民众非常害怕，纷纷紧闭家门，不敢外出，并到城隍庙里虔诚祈祷，也没有结果。老虎依然肆无忌惮，比明火执仗、烧杀掳掠的倭寇、匪徒有过之而无不及。

险其走集，可使无寇

自然灾害、虎患、匪患、交通落后之害，加深百姓贫穷困苦的程度。作为一位较有政治眼光、能体察民情，关心民间疾苦的地方官，冯梦龙对此焦虑难安，立即着手兴利除害。

一、通正道，修关隘

1.修复通政和的正道，立坊设标。

寿宁的两条古官道均险僻荒凉，高耸入云端。冯梦龙从苏州水路、陆路交替而行，到建宁府衙报到后，从正道进入寿宁，一路艰辛可想而知。所以，到寿宁后，冯梦龙十分重视对官道的建设。通往政和的正道，在寿宁境内有总铺、叶洋、芹洋、尤溪、平溪、南溪等六铺。冯梦龙要求“每铺立牌坊，标明某铺。至南溪界首，复立坊题‘政寿交界’”，“使入吾境可计程而达也”。这就像现在公路上的地名路标一样，过往行人一看便知，省去许多出行不便。

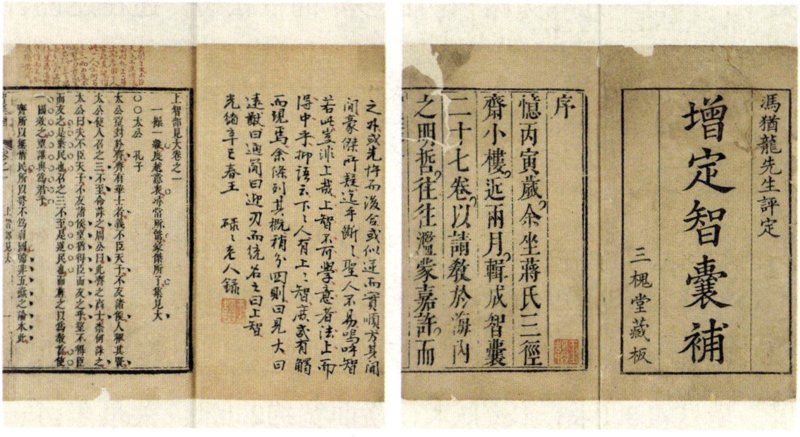

◎ 冯梦龙辑《增定智囊补》（清三槐堂刻本）

冯梦龙还发动群众在古官道两旁植树造林。在他之前，来自广西桂林府金州灌阳县人的知县蒋诰，虽只在任两年，却捐钱在九岭种了几百棵松树，用来荫蔽行人。蒋诰当时推行“笞罪亦许种松自赎”，即犯笞罪的人，准许他种松树赎罪。古代笞罪是指轻微过错，笞刑指用竹板或荆条拷打犯人脊背或臀腿的刑罚，明代笞刑沿袭唐宋，可以用钱赎。蒋诰推行种树赎罪的善政，让冯梦龙十分钦佩。他察看了当年种的那些松树渐渐减损，只存留数十棵，便发动民众前往种树。现在，古官道上依然存留着浓浓的古道遗风，很多人慕名而来，访古探幽，乐此不疲。可惜的是曾经蔽日遮天的古松树、古枫树毁于历年战火，如今，只留下九岭头两株四百多年的古松树，还在述说着此地沧桑的历史进程。

2. 修整车岭关等要塞。

寿宁的“三关十六隘”，皆是军事要塞，三关为车岭、绝险、铁关三关。其中车岭关是明朝万历二十一年（1593）知县戴镗增设的。车岭关在县城南20公里，斜滩镇与清源乡交界处。原关用石砌成门状，现仅剩两边残墙。墙残高2.1米，长约3米，路面宽约2.1米。关呈东南一西北走向，两边为山，东南面为悬崖峭壁。冯梦龙十分重视“三关十六隘”的防范，认为车岭、铁关、绝险、院洋“四隘特为要害”。其中对车岭、九岭的重视尤为突出。他的举措一是“复关必先复庵”。车岭关俗名车岭，车岭古道自海拔176米的山田村延伸至海拔745米的车岭头，高低落差569米，全长十里，有台阶4480级，至今仍有“车岭车到天”的民谚。该处是明朝时期寿宁通往福宁州的必经之路，由于这里来往行人货物全靠肩挑，有民谣这样唱道：“千年扁担万年筐，压得背驼腰又弯。磨烂两肩流尽汗，工钱不够饱三餐。”车岭关因地势险峻，一线千仞，易守难攻，是难得的天然屏障，故号称东南路第一险关，有“南门锁钥”之说，历来被官家视为军事战略上的要害。冯梦龙到任时，关隘损毁严重，冯梦龙遂招揽庵主，增修墙屋，并给资令垦荒田数亩，使往来行人可作安歇。其实，冯梦龙真正的用意却是以待来日战乱之时，“资粮、火药以庵为外府，即万一增添戍守，亦不患栖息之无所矣”。冯梦龙这些措施不仅像他所说的那样“行道稍不寂寞”，更重要的是给县城筑起了一道牢固的防线，既消内忧又释外患，一定程度上稳定了丁口，为县民的安居乐业创造了条件。

3. 修复重要的隘口。

十六隘是与庆元为界的伏际、青田、碑坑、峡头、榧子栏、杨婆墓、箬坑、双港、下党、杉坑等十隘，与政和交界处的石门隘，与福安为界的院洋、武曲隘，与景宁为界的黄阳、青草隘，以及界于政和、宁德之间的葡萄洋隘。这些隘口多数修在峻险之处，居高临下，并都筑有工事，备有檑木、滚石，派弓兵轮流把守。基于寿宁乃“两省之瓯脱，而五界之门户”而设，明末主要用于海防，邻县“福安正海艘登陆之地，昔年倭寇亦从此道，故四隘特为要害”。福安正是海船登陆的地方，当年的倭寇就从这条路攻进寿宁。冯梦龙也十分重视海防，所以对这些隘口的修复整治十分上心。

黄阳隘位于坑底乡长岭村铜坑亭，隘口为东西走向，两边靠山，以山水流向为闽浙边界，是古时寿宁通往浙江泰顺的主要通道。隘口用石拱形成拱门，拱高2.9米，呈字母“n”字形。过道两旁有供行人歇脚的石凳，北面石墙砌有一龛。隘碑原立隘口，现置铜坑尾三岔路边。青石素面，正面中刻“寿宁县界”，右刻“嘉靖贰年拾肆

□□□□”，左刻“知县事普安□□□”，背面中刻“黄阳隘”，右刻“东至□田，南至本土山”，左刻“西至人行路，北至分水界”。这个关隘原是嘉靖二十四年贵州普安人知县张鹤年所设，县令戴镗也做过修筑，冯梦龙再次加以修复。如今，如果你有兴致去黄阳隘走走，你会发现当年当关御敌的关隘虽然丧失了原来的功能，但其四周景色迷人，苍松劲挺，翠草红枝，争相竞秀，颓垣残土，石级斑驳，令人遐想无边。

在冯梦龙看来，修关复隘，虽不是什么大工程，但不无小补，总算“做一分亦是一分功业”。于微小处，我们看到一个知县拳拳为民之心。

二、寻猎户，除虎患

面对严重的虎患，冯梦龙随即在县内寻访捕猎能手，听说平溪有一位善于制作陷阱捕猎的周氏巧匠。便亲自到平溪请周师傅，并慷慨捐出俸资打造捕虎器具。精心制作了一个阱屋。阱成之日，冯梦龙不顾山高水长，亲自前往查看。到平溪，看了周师傅捕虎器的设计，看到那巧妙的开关，冯梦龙连连颔首称赞。捕虎器的设计类似今天捕鼠

◎ 寿宁北路戏剧团演出新编北路戏《冯梦龙除虎记》

笼，只不过捕虎阱屋大如小房屋，设计有相通的里中外三间小屋，两边各一屋各放置一只羊作为诱饵，中间屋子敞开大门。老虎要吃小羊，便会冲入阱屋，阱屋的木闸便自动关上，老虎插翅难飞。冯知县派人将做好的阱屋安放到了老虎出没的地方，交代专人好好看护，并许诺只要能捕到老虎，都有奖赏。半年之中在山后、溪头、平溪连获三虎，县境虎患遂绝，保障了社会的安宁。当众人听说食人虎被捕获后，举城轰动，纷纷前来观看。在众人的欢呼声中，冯知县亲自查验，他指着老虎呈锯齿状的耳朵说：

“我听说吃了人的老虎，耳朵就是这样的。感谢周师傅为民除害啊！”说着，向周师傅深深鞠了一躬。

三、重立谯楼、修复城墙

谯楼，是指古代城门上建造的用以高望的楼。在戴镗之后，冯梦龙之前的每任寿宁县令任期都在两到三年左右，也许忙于升迁也都没有加以切实地关注县防问题。冯梦龙到任不久，即以“忧深牖户，万难坐视事”为由，向各台申请捐俸捐赎，“重立四门谯楼，城之崩塌处悉加修筑”。冯梦龙出于“通县无更鼓，五夜梦梦”，遂置大鼓一面，专设司更人员一名于其上，专职掌管。这些措施有力保障了寿宁民众的基本安全问题。

四、训练兵壮、筹划兵饷

明弘治中期（1490—1500），朝廷在寿宁全县边境险要道口设隘。守隘之兵，称弓兵，亦称机兵，编制百人为一队，队设总甲、小甲各一名，由巡捕管理，县令统摄。此外，还在全县主要村落及通道要口设置堡、寨。各堡由乡丁民壮把守，一乡有事，四方联防。县城外围屯兵之所，称为寨，隶属巡检司。守寨者皆为弓兵。

明嘉靖二十四年（1545），知县张鹤年整顿县际疆界，根据自然地形，依山脉、分水划定界线，在全县边境隘口设立界碑，碑正面刻“寿宁县界”，左首小字“嘉靖×年×月”，右下落款“知县事贵州普安张鹤年”，反面刻“××隘”和东南西北至何处。之后，寿宁与邻县的疆界基本以这次划分为准，县界之间的争端得到了平息。

冯梦龙明确指出：“闽防在海，而福安正海艘登陆之地，昔年倭寇亦从此道，故四隘特为要害”，“各隘扼要而居，山径尺许阔，高下曲折，非用武之地。虽有长枪大戟，无所用之。守隘之具，铳第一，弩次之，虽弓矢亦不逮也。多蓄硝磺，此最紧着”。

在冯梦龙之前，县城东郊黄家洋开辟有演武场，供兵勇、民壮习战。但已弃弛许久，演武场已是茅草丛生，一片荒凉，兵壮少且不谙武艺。因此，在修筑关隘的同时，为防备“万一地方多事，矿盗复发”，冯梦龙开始了具有前瞻性的县防事务。

一是积极训练兵勇。他调动集中了一批民壮、乡兵进行团练。并立正教师一名，副教师二名，专门负责主持训练。他还每月定期亲自前往检查验收，严其赏罚，加以督促。因寿宁山区狭小，没有空旷之地，练武场只有六十步开外，有人曾试图在练武场射箭，但由于距离太短，结果箭都射到教场外的石头上，箭镞都损坏了。大家只能练习枪、刀、钯、棒。兵壮们看到县太爷亲临武场，备受鼓舞，士气高涨，稍有空隙即前往演习，演武场一时热闹起来。但是，冯梦龙每次来武场，看到三位教师认真教，兵壮们积极训练，心中很是宽慰。但他又担忧费用无法筹措，三位教师的粮饷要在军营粮饷中扣除。但对此他实在又无能为力。

二是积极扩充民壮、乡兵。寿宁县兵壮按规定编额为二百名，称为机兵，也叫民壮，但至万历初年以来几经裁革，所剩无几，“虽谓之无兵可也”。民壮数目不足，只好转议乡兵，但由于寿宁山高岭峻，交通不便，乡兵在寿宁的作用是极为有限。同时，因地高土瘠，寿宁相当一部分乡民转而种苎，或到庆元一带种苎，收入颇为可观，均不愿意去衙里当兵壮。尽管如此，冯梦龙还是奉上台之命，用强制手段责成里长报名具结，各保、乡、村相继按籍上报。上级指派的工作虽然完成，但这并不能起到预期效果，所以冯梦龙并不敢以此为实政，这毕竟与他的理想相去甚远。

三是谋划军饷来源。兵饷无处着落，兵壮无法招募，冯梦龙忧心忡忡，他百般苦思解决问题的办法，最后把目标放到了银坑守兵的军饷上。寿宁原有银坑多处，后来有的因开采过度，有的被禁采，只留下官台山大宝坑一处在设县之初尚有开采。大宝坑银场，又称宝峰场。是当年朝廷在闽中的宝地，帝王财力的源泉。刚发掘采冶阶段，虽是民采商营，而源源不竭的白银从这里输出后，依然经建宁府进入朝廷库银。宋朝庆元年间，朝廷直接将之收归官采，并在官田场设银课机构进行管理。那时采矿冶炼白银的区域，包括今天的官田场、溪乾、老厝、三磜坑、外楼、榅洋等数个村子所在的山场，产银量比后来扩大的同脉山麓寨宝尖、深湾岗、炭山、菜坑等多个银场的总量还多出好几十倍。因此，大宝坑银场处在闽浙两省数百个银场之首，与福建福宁府的周宁宝丰银场、浙江处州府的景宁渤海坑银场、浙江温州府的天台大岭口银场并称“四大银场”。在大宝坑银场，朝廷原来设有千、百户军官各一名，旗军二百名。到了明代弘治年间裁革了百名，到嘉靖时此矿封闭，军队撤回，只留十名作为看守。因为远戍劳苦，所以朝廷给予这十名官兵全额的军粮。但冯梦龙经过调查发现这十名官兵并没有到这里履行职责，而是空领军饷。他以此为由，把真实情况报给了上司，打算将这部分军饷转作招募隘兵之用。但知府经过复查后下的批复却是“军粮有定制”，打算将这十名官兵换回别处安排，并撤下了此项饷银。冯梦龙只好作罢，但“民穷财尽之秋”，他忧心忡忡，万一又出现矿盗，不知如何是好？按冯梦龙的意见，军粮不便转移，那就要求准于从本县解府、驿递、盐钞等项钱粮中扣出72两，存在县里，使军粮按月在本县请支，这样，卫里没有虚冒的空额，而县里仍有十名军人可以派用，守银坑、守隘口无所不用。他知道，上级对这样的意见是不会采纳的，不敢立时申报，但他希望后面的知县来落实。这份忧思，让我们看到了一个小县令欲有所为而不能为的无奈，让人心疼！

五、修复东坝、蓄水灌溉

寿宁境内有蟾溪穿行于城中。蟾溪流经如锅底般的县城，蟾溪窄而急，河床落差较大，极不易蓄水。遇到旱

◎ 冯梦龙在寿宁之修建东坝（吴华光作）

年，不仅周围水田缺水灌溉，就连民众的吃水问题都变得困难。在城中修一个水坝是刻不容缓的大事。明朝天顺年间，曾在城东升平桥下约十米处修了东坝，但由于遭受了几次大山洪的冲刷，早已毁坏，不起作用了，城中百姓苦于缺水日久矣。冯梦龙到任后，了解这一情况后，立即请来石匠，着手修复东坝。

据冯梦龙记载，自升平桥至永清桥（现名蟾西桥、西门桥），溪水清澈有鱼，或青或红，名为“神鱼”。因此人不敢捕捞，取之则致病构疾。民妇淘米溪中，鱼群自由往来觅食，全不畏惧。在过去漫长的时间里，东坝发挥着供给城内蓄水灌溉的重要作用。如今，三百多年过去了，东坝流水潺潺，不舍昼夜，还在述说着一代廉吏的念念为民之心。

后　记

冯梦龙（1574—1646），字犹龙，又字公鱼、子犹，别号龙子犹、墨憨斋主人、吴下词奴、姑苏词奴等等。冯梦龙是一位勤耕而高产的文学家，他一生编撰的著作达七八十种，给我们留下了近三千万字的作品，这在用毛笔写作的时代，不能不说是一个奇迹。他的著述涉及的领域非常宽广，经史、诗文、戏曲、小说、民歌等无所不及。其成就最高、影响力最为深远的当属俗文学，他所编纂的话本小说、改订的传奇在明清两代流传很广，有大批的读者，并深受他们的喜爱。五四运动以来，随着白话文运动的兴起，中国文学领域思想观念的转变，以及一些冯学研究专家的努力，冯梦龙带着他浩大的著作走进了文人学者的视野，受到了应有的重视和肯定。近一个世纪，冯梦龙逐渐成为通俗文学研究的一个热点，出版著作十几部，发表论文逾千篇，取得了突破性的阶段研究成果。

近百年来，冯学研究出现过两次历史性的高潮。第一次是在“五四”新文学运动之后，在社会底层自流而行的冯梦龙作品，重新回到文学研究的殿堂中来，人们开始研究、挖掘其价值，并以多种的艺术形式来演绎这些作品。第二次是在改革开放以来，人们以新的视角来审视冯梦龙的作品及其思想，充分肯定了冯梦龙在中国文学史上的独特地位和文学贡献。1982年，由寿宁县从中国科学院和日本国际图书服务公司，辗转得到上野图书馆保留的《寿宁待志》孤本的胶卷本，由陈煜奎校点，交福建人民出版社于1983年出版。《寿宁待志》的被发现，开启了冯梦龙研究的全新领域。各地“冯学”爱好者积极挖掘冯梦龙的治理文化，高度肯定其民本、廉政、理讼、教育思想和实践，以多种形式对这些文化进行创新性传承和发展。1984年11月，中国作协福建分会在福州召开冯梦龙诞生410周年及入闽任寿宁知县350周年纪念会。王凌先生做了题为《冯梦龙研究应该有一个大的突破》的发言，引起与会者共鸣。其后继续发表系列论文并在1992年结集为《畸人·情种·七品官——冯梦龙探幽》出版，这是当年全国出版较早、影响较大的一部专著。1985年在宁德—寿宁举办的首次“全国冯梦龙学术研讨会”和1987年在苏州举办的第二次“全国冯梦龙学术研讨会”，是冯学研究取得突破的重要标志。近年来，全国各地的学者、冯学爱好者更是从文学、思想、出版学、廉政文化、教育等各个领域全方位对冯梦龙文化进行深入的研究和挖掘，并取得了丰硕的成果。

寿宁人民从未中断过对冯梦龙文化的挖掘和研究，用传说、故事、歌谣等方式，演绎着冯梦龙寿宁任上办学馆、筑东坝、除虎患、禁溺女、惩恶霸等一系列的事迹。通过学术研究、载体建设、文旅开发、宣传推介相结合，不断提升冯梦龙文化品牌影响力。自1985年10月举办全国首届冯梦龙文化艺术讨论会以来，寿宁县已先后整理出版了《寿宁待志·注释》《寿宁待志·校辑》《梅影清风》《冯梦龙寿宁民间传说》《福建·寿宁冯梦龙文化高峰论坛论文集》等相关史料、论文、口碑书籍，多次邀请专家开设冯梦龙文化讲座。寿宁县纪委、法院挖掘冯梦龙《寿宁待志》中关于廉政和无讼理念，以冯梦龙勤廉故事警示、断案启示、勤廉文化展等内容，立足实际打造“清风寿宁”“无讼文化”“无访乡村”特色工作品牌，形成较大反响。县文化宣传部门依托国家级非物质文化遗产——北路戏，创作《寿宁知县冯梦龙》《戴清亭》《冯梦龙除虎记》等10多部冯梦龙系列经典戏剧作品。拍摄电视专题片《寿宁知县冯梦龙》《我与尔同清——寿宁知县冯梦龙》、动漫《冯梦龙智捉陈伯进》、微电影《冯梦龙断牛案》、冯梦龙文化表情包等。还对冯梦龙历史资料、文学影视作品等文化资源再收集、再整理，高度重视冯梦龙遗址、遗存的保护工作，派专人、拨专款对史料有记载的冯梦龙遗址、遗存进行挖掘、修缮，逐步修复城墙、关隘、官厅、古官道等冯梦龙文化遗址遗存。同时，为了让广大教师、学生进一步感知和了解冯梦龙文化，扩大冯梦龙研究的队伍，寿宁县依托寿宁县传统文化研究会，成立了“寿宁一中冯梦龙研习基地”。自2017年以来，冯梦龙研究会提炼出“勤、善、廉、真、能”作为校园文化建设理念，成立了以语文教师为主的“冯学研究会”和以团委、学生会为主的“冯梦龙戏剧社”，定期召开研讨会，排练、展演冯梦龙的戏剧作品，如排演话剧《一鸟害七命》《禁溺女》等。冯梦龙文化与寿宁人民的精神文化也已融为一体，寿宁人民从冯梦龙主张的“险其走集，可使无寇；宽其赋役，可使无饥；省其谳牍，可使无讼”执政思想精髓中，积极汲取营养，赋予其时代内涵。

正如习近平总书记在纪念孔子诞辰2565周年国际学术研讨会开幕会上所强调的“不忘历史才能开辟未来，善于继承才能善于创新”。寿宁作为冯梦龙的第二故乡，传承好冯梦龙文化，将冯梦龙文化发扬光大，任重而道远。

本书在编写过程中，得到了吴传洪、林松涛、蔡维坚、陈元度、李安、吴维辉、龚启录、郑万江、黄立云、张培基、魏定榔等同志的大力支持和帮助；著名画家、中国美协会员吴华光先生提供了他倾力创作的“冯梦龙系列”画作15幅，亦提升了此书的文化品位。在此，谨向以上各位表示诚挚的感谢。由于水平有限，书中错误之处在所难免，敬请读者指正！

卢彩娱

二〇一九年十月